창밖의 곡선들

창밖의 곡선들

초판 1쇄 인쇄 | 2024년 11월 30일
지은이 | 박현경
펴낸이 | 이재욱(필명:이승훈)
펴낸곳 | 해드림출판사
주 소 | 서울 영등포구 경인로82길 3-4(문래동1가 39)
　　　　 센터플러스빌딩 1004호(07371)
전 화 | 02-2612-5552
팩 스 | 02-2688-5568
E-mail | jlee5059@hanmail.net

등록번호　제2013-000076
등록일자　2008년 9월 29일

ISBN　979-11-5634-608-1

창밖의 곡선들

박현경 수필

인생이라는 창밖에 많은 곡선들이
뒤엉켜 흘러가고 있다.
팔십 고갯마루에 앉아
지나온 시간들을 내려다 본다.

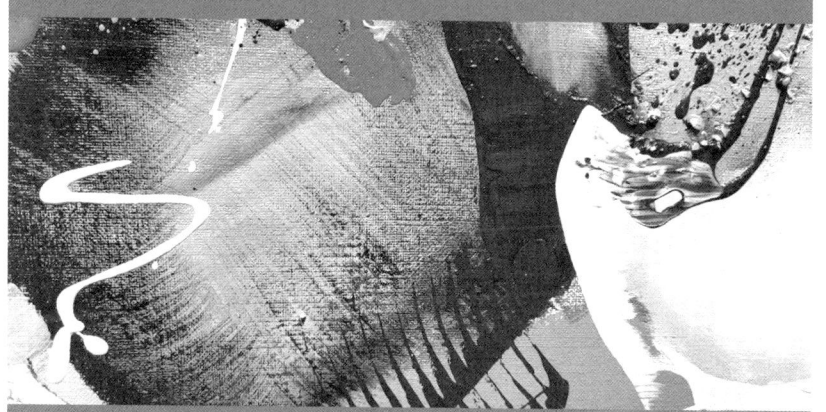

해드림출판사

작가의 말

달빛의 위로

　인생이라는 창밖에 많은 곡선이 뒤엉켜 흘러가고 있다. 팔십 고갯마루에 앉아 지나온 시간을 내려다본다. 결혼한 후 거침없이 불어온 찬바람을 이겨내며 밤하늘 달빛에 위로를 받았던 일 가끔은 무심한 구름 위에 서러움을 띄워 보내기도 했던 날들은 마음의 고향이 되었다.

　허물이 많은 나를 남편과 딸들이 감싸준 덕택으로 굴곡진 인생의 산을 쉽게 오를 수 있었고, 하산길에서 만난 많은 인연들과 나눈 이야기들은 내가 살아가는 이유였다. 이제 모두 내려놓고 고맙고 감사한 마음만 남겨두고 싶다.

5월 한 달간 대상포진으로 고생할 때, 하늘나라로 직행하는 줄 알았다. 그때 글공부도, 오카리나 공부도 마무리하라는 신호를 받았다. 그동안 써놓은 글을 버리려다가 아쉬운 마음에 세 번째 글집을 내놓기로 했다. 좀 더 좋은 글을 쓰려고 애쓰던 마음을 이제 꺾으려고 한다. 글을 쓰도록 길을 안내해주신 김낙효 교수님, 윤재천 교수님, 오차숙 발행인님, 장영우 교수님께 감사드린다.

네 명의 딸들아, 음악을 좋아하는 나에게 오카리나 연주를 하며 즐겁게 지내라고 말해 주어서 고맙고 이기심 많은 엄마를 따라 주어서 행복했다. 을왕리 낙조대 카페에서 바라본 시월의 저녁놀처럼 내 인생의 창밖으로 물든 마지막 열정을 글에 실어 보낸다.

2024년 가을 길목에서 박현경

차례

작가의 말 _ 달빛의 위로　　　　　　　　4

평론 _ 세월의 미학 / 김우종　　　　　　191

1부　나에게 보내는 감정

귀차니즘 따라 진화하기　　　　　　14
나에게 보내는 감정　　　　　　　　17
가고 싶은 길　　　　　　　　　　　21
기러기　　　　　　　　　　　　　　24
복 할머니　　　　　　　　　　　　28
길 잃은 여인　　　　　　　　　　　33
상춘객　　　　　　　　　　　　　　37
아끼여사 여행기　　　　　　　　　42
귀향　　　　　　　　　　　　　　　48

2부　책이 있는 풍경

　　골목 여행　　　　　　　　　　55
　　억지 춘향　　　　　　　　　　59
　　널 보고 오던 날　　　　　　　64
　　책이 있는 풍경　　　　　　　68

3부 구름이 낀 듯도 하고 그렇지 않은 듯도 한

사소한 것들의 사소하지 않은 사연   74

늦게 피는 꽃   81

이삿날 아침 봄비   85

구름이 낀 듯도 하고 그렇지 않은 듯도 한   90

빗방울 소나타   93

별 하나 별 둘   97

아버지의 마지막 부탁   101

휘청이는 마음을 다잡는 시간   106

4부 아랫녘에서 만난 페르소나

아랫녘에서 만난 페르소나	112
적시는 마음 한 자락	118
화려했던 날들	122
빈 배	125
가시	129
우정으로 걷는 시간들	133
왜 왔을까	139

5부 창밖의 뭉그러진 삶의 곡선들

빨강이가 파랑이에게	145
곶감	149
창밖에 뭉그러진 삶의 곡선들	154
잡초	158
봄놀이	162
겨울 산책	166
나그네의 밤 노래	170
이 빠진 찻잔	174
낯선 그리움	178

6부 산다는 것이 무엇일까

고목	183
산다는 것이 무엇일까	184
봄날 아침	185
상춘객	186
꿈길	188

심윤보 作

1

나에게 보내는 감정

귀차니즘 따라 진화하기

설렘이 있는 일만 하며 사는 세상이 있다면 얼마나 좋을까. 미래에 대한 청사진이 없어서 그런지 학창시절에 시험 때만 되면 이런저런 유혹에 빠지곤 했다. 두려움을 넘어설 용기가 부족했던 탓이었는지도 모른다. 영화관에도 가고 싶고, 읽고 싶은 소설책이 집중력을 떨어뜨렸다. 교과서를 펴면 졸음이 쏟아지고 코피를 쏟기 일쑤였다. 낙제점수를 겨우 면할 정도로 시험을 치르고 나서도 마음이 홀가분했다. 마치 날개를 단 새처럼 무중력 상태로 하늘을 나는 기분이었다.

왜 해야 하는지 모르는 채로 하는 공부가 귀찮기만 했다. 음악 감상을 하면서 책을 읽으면 시간 가는 줄 몰랐다. 교과서와 문학책은 문자가 주는 힘의 비중이 너무 달랐다. 그리스, 로마 신화는 신비한 느낌이 있어 좋아했다. 신화에 나오는 신들의 황당한 이야기가 현실 속에서 이루어질 수 있다는 생각을 했다. 문자가 주는 이미지로 마음속에 그림을 그리는 즐거움으로 시간을 보냈다.

무심히 흘려보낸 나의 젊은 시절은 아쉽지만, 낭만이 있었다. 나의 지란지교 영희와 버스를 타고 서울을 벗어나 딸기밭 포도밭으로 나들이를 즐겼다. 여고생이 가질 수 있는 여유는 아니었지만, 탈출구가 필요했다. 용기가 없는 내게 영희는 오아시스 같은 친구였다. 함께 비밀을 만들던 때가 엊그제 같은데 우리들의 추억에도 하얀 서리가 내려앉았다.

요즘은 친구들과 추억도 카톡 안에서 소통한다. 아침에 일어나면 문자로 안부를 물으며 하루를 시작한다. 답을 즉시 하던 나는 요즘 눈도, 귀도, 손가락도 반란을 일으켜 아둔해지니 귀찮다. 병원 출입이 늘어나고 즐겁게 배우던 오카리나 연습에도 게으름을 피우게 된다. 글 한 편 쓰는 데도 품이 많이 들어간다. 멍때리는 시간이 나를 놓아주지 않아 난감할 때가 많다.

나도 명수필 한편 남기고 떠날 수 있을까. 그 힘으로 살고 있는 나는 귀차니즘이 찾아오면 머리가 텅 빈 사람처럼 행동한다. 세수도 거르고 머리도 헝클어진 채로 갈피를 못 잡고 집안을 헤맨다. 생각의 길이 막히면 핑계를 대고 게으름을 피운다. 그럴 때마다 정신이 번쩍 들게 하는 것이 있다. 매일 밥보다 더 잘 챙겨 먹어야 하는 약이 나를 쳐다보며 건강해야 할 수 있는 일이라고 채근한다. 주홍빛 노을로 물드는 나의 노년의 언덕 위에는 무엇이 기다리고 있을까. 궁금해서 오늘도 문자와 씨름하고 있다.

귀차니즘은 나이가 들어가면서 점점 진화하여 나의 생활 전반을 간섭한다. 안 쓰는 물건도 멀쩡하면 버리지 못하는 내게 생활의 가지치기를 하라고 한다. 단조로운 일과는 나를 어디까지 데려다줄지 혼자서 변하기는 어렵다.

나에게 보내는 감정

　자존감이라는 단어는 심리학 강의 주제로 자주 등장한다. 감정과 잘 어울리는 자존감은 쉽게 대체할 수 없는 문장과도 같다. 나는 남이 알아주지 않아도 나이기를 거부하지 않아 자존심이 강하다는 말을 자주 듣고 산다. 자존감과 자존심을 호기심 위에 올려놓고 저울질을 해본다. 의미상으로는 감지되는데 느낌으로 설명하는 것은 왠지 옹색하다.
　근육을 타고 머리와 가슴으로 전해지는 희열 같은 것일까. 머릿속이 어지럽다. 자존감을 떠올리면 본능이 꿈틀거리는 느낌이다. 오늘도 자존감을 높이라는 메시지가 일과를 점검하고 있다.

삶의 본질에 대해 우리는 다양한 해석을 내놓거나 음미하기를 좋아한다. 나는 가끔 마음속에 있는 내 욕망과 상처를 끄집어내 현미경으로 들여다보듯 꼼꼼하게 관찰한다. '시시하게 살고 싶지 않다'라는 것은 내가 살면서 쌓아 올린 자존심의 등대다. 어려서부터 관심 밖에 있는 것에는 집중하지 않는 성격이라 세상 물정에 아둔하다는 말을 듣곤 했다.

초등학교 4학년 때 일이 생각난다. 나의 소심한 성격은 수업 중에 준비물을 잊고 온 것을 알아도 누구에게 빌려달라고 말하지 못했다. 하루는 친구가 일본제 연필을 필통에 가지런하게 넣어 놓은 것이 눈에 띄었다. 향나무 향기가 은은한 연필로 글씨를 한번 써보고 싶었지만 참았다. 친구는 얼굴까지 예뻐 더욱 입이 떨어지지 않았다. 나는 조악한 국산 샤프펜슬을 가지고 있었는데 친구는 당당하게 내 샤프를 달라고 해서 속이 상했다. 마음에 고여 있는 감정을 말로 뱉어내지 못하는 것이 자존감의 문제일까.

하굣길에 친구 정자네 집에 놀러 간 일이 있었다. 그 애 부모님은 만둣가게를 했다. 난생처음 맡아보는 찐 만두 냄새에 군침이 돌았다. 정자는 만두를 먹고 싶은 내 마음을 읽지 못했다. 나는 속마음을 들킬까 봐 조바심이 났다. 이럴 때 일어나는 마음을 자존심이라고 하는 것일까. 기억의 혼돈인지 모르지만, 그때부터 나는 만두를 좋아한다.

　진한 기억은 멀고, 흐릿한 기억은 가깝게 느껴진다. 신혼 때 남편이 웃자고 하는 말에 정색하는 나를 놀리곤 했다. 내 기를 꺾어 보려는 심보였을까. "단추 구멍" "건빵"은 내 눈의 대명사였다.

　1956년 봄 대학 입학식에서 만난 친구 몇 명의 외모가 달라지고 예뻐졌다. 작은 눈 콤플렉스를 가진 나는 쌍꺼풀 수술이 하고 싶어 마음이 흔들렸다. 나는 곧 마음을 다잡았다. 어머니께서 빚어주신 내 신체에 손대는 것이 내키지 않았다. "나는 나다" 내 개성을 사랑하기로 했다.

　남편이 '삼대독자'였지만 그 메시지가 주는 의미도 모른 채 용감하게 일생 반려자로 택했다. 그것은 내게 애달픈 인생 길을 걷게 했다. 무모한 선택이었지만 어른이라는 목적지로 향해 달릴 수밖에 없었다.

　낙관과 비관을 되풀이하면서 현실에 무뎌지는 것일까. 나는 꿈과 현실의 괴리를 인정하며 딸만 넷을 낳아 곱게 길렀다. 고이 자라는 딸들을 보며 행복의 날개를 펴는 즐거움도 누렸다. 아들을 낳지 못했지만 열 아들 부럽지 않았다.

외모지상주의가 되면서 딸들이 쌍꺼풀 수술을 하고 싶다고 했지만 극구 말렸다. 그때 포기한 쌍꺼풀 수술 이야기를 요즘 들어 투정하듯 말한다. "너희보다 못한 인물로도 쭈뼛거리지 않고 살아온 나를 보라"며 웅변을 말한다. 누가 뭐래도 고집대로 살아온 나의 인생을 후회한 적이 없다. 단지 주변 사람들에게 베푸는 삶을 살지 못한 것이 안타까울 뿐이다.

자존감이란 내가 생각하는 내가 되는 것 아닐까. 나의 허세는 무엇에든 완벽에 가까운 듯하지만 허술하기 짝이 없다. 그러나 나만의 바다를 건너기 위해 자존감의 깃을 세우고 세상을 톺아보고 있다.

가고 싶은 길

 가을이 내 마음에 들어와 한들거린다. 작은 바람에도 하늘거리는 코스모스 계절이 왔다. 괴질로 인해 혼란을 겪는 일상에서도 봄은 왔고 뙤약볕을 견딘 초록 숲에도 여름이 다녀갔다. 글방 선생님하고 한강 변을 산책하던 날, 춤추는 발레리나 모양의 꽃을 만났다. 그 꽃은 상사화라고 하는 꽃무릇이다.
 꽃무릇 자태에 홀려 무아지경 속에서 정신이 들었을 때, 내가 본 것은 하늘에서 내려온 선녀였다. 꽃을 보는 찰라, 아름다워서 더 애처로워 눈을 뗄 수가 없었다.
 가을을 보내기 아쉬워하는 문우 네 명이 뜻을 모아 영광 불갑사 꽃무릇을 만나러 나섰다. 편도 3시간 반이나 걸리는 나들이는 용감한 일탈이었다.

사찰로 들어가는 초입부터 꽃무릇을 보러온 관광객 긴 행렬이 이어졌다. 꽃이 꽃이지 무에 그리 대단하랴 싶어 나는 시큰둥했다. 논두렁에도 꽃무릇, 멀리 산 밑에도 꽃무릇, 빈 땅이 없었다. 촘촘히 서 있는 꽃들이 우리를 마중 나와 있는 듯했다.

눈 앞에 펼쳐진 빨간빛 융단에 정신을 빼앗겼다. 새빨간 유혹에 황홀했다. 끝없이 펼쳐진 빨간빛이 숲속으로 안내를 했다. 꽃대 위에 올라선 꽃잎과 꽃술은 요염하기 짝이 없었다. 나는 빨간 꽃무릇을 핸드폰에 담느라 등이 땀으로 젖는지도 몰랐다. 꽃잎은 수줍어 몸을 오그리고, 꽃술은 밖을 향해 누구를 부르는 듯 춤을 추고 있었다.

고개를 숙여 꽃을 찬찬히 들여다보았다. 바람에 흔들리는 화려한 춤사위가 가녀린 몸짓이라 슬퍼 보였다.

꽃무릇에는 애처로운 꽃말이 있다. 사랑하는 처녀, 총각이 만날 수 없는 애잔한 이야기를 담고 있다. 웬일인지 들꽃에도 날아드는 벌 나비가 보이지 않았다. 볼수록 신비하고 쓸쓸해 보였다.

아름다움의 절정은 열매 맺음이다. 향기도 없고 벌 나

비의 중매로 꽃가루 수정을 못 해 열매도 맺지 못하는 꽃이다. 꽃무릇의 빨간 열정을 보며 문득 사랑의 열매를 맺지 못하고 산 여류소설가가 생각났다.

　여성 문학의 창시자 조르주 상드는 72년 생애 동안 많은 남성의 연인이었다. 진정한 애인은 하나였지만 그녀의 삶은 난잡한 사랑의 연속이었다. 어쩌면 사랑에 충실하고 감성이 여린 여성이 아니었을까.

　온종일 꽃무릇이 나를 유혹했다. 꽃술이 꽃잎을 에워싸고 있어 함부로 가까이할 수 없는 그 무엇이 느껴졌다. 꽃과 잎이 만나지 못하는 슬픈 사연이 숨어 있어서 그럴까. 겉모습은 화려하지만 슬퍼 보이는 꽃에서 조르주 상드가 보였다. "사랑하기 위해서는 버릴 것이 너무 많더라"라고 한 상드의 고백처럼, 꽃무릇도 잎이 없이 고독하게 꽃대를 피워올린 모습이 닮은 듯했다.

　진실하게 사는 사람은 겉치장에 치중하지 않아도 내면의 아름다움이 드러난다. 속이 허한 사람은 삶에 덧칠하느라 헛수고를 하며 산다. 인생의 가을 길에 들어선 내 속내가 훤히 보이는 듯하다.

기러기

바람이 분다.

지난 9월 한 달에 70여 년을 한결같이 정답게 지낸 친구 두 명이 이 세상 소풍을 마쳤다. 슬픈 마음을 어쩌지 못해 바다로 숲으로 헤맸다. 이런 나를 보는 친구들은 남의 속도 모르고 인생을 노을처럼 곱게 물들이며 산다고 부러워했다. 얽매인 곳 없이 자유롭게 살아서 젊어졌다고도 한다.

오늘 아침 가을비가 내리고 내 마음에도 바람이 인다. 친구와 점심 약속을 했다. 하지만 오늘 해결해야 하는 일이 많아서 초조했다. 그런데 웬일인가. 급히 한 가지 일을 보고 은행에서 나오니 해가 쨍쨍하여 파란 하늘이 열려 있는 것 아닌가.

2023년 올해는 나의 해인 것 같다. 딸네 집에서 가사를 돕던 조선족 아주머니가 중국으로 돌아갔다. 아주머니가 잠시 서울에 와서 우리 딸 집에서 묵는단다. 그녀는 내 입맛을 잊지 않고 중국에서만 난다는 희귀한 산나물 반찬을 만들어주었다. 그녀에게 특별히 잘해준 일도 없는데 무거운 산나물을 삶고 말려서 싸 들고 온 정성에 가슴이 뭉클했다.
 언제부턴가 뉴욕으로 유학 간 시댁 조카가 내게 자주 안부를 물어온다. 조카는 올해 57세로 의사 생활을 한다. 남편이 별세한 지 5년이 지났건만 "외숙모님 건강하게 오래 사세요." 안부 인사를 잊지 않는다. 올해는 가족을 데리고 서울에 왔다. 난 고급 일식집에 예약해 두었다. 조카는 어린 시절 넉넉하지 못하게 살았다. 나는 여유가 없다는 좁은 속으로 용돈 한번 주지 못했다. 그런 좁아터진 내 처신에 대한 용서를 구할 양으로 $300을 건넸다. 헤어질 무렵에 두 내외가 배낭에서 부스럭거리더니 봉투 하나를 내미는 것 아닌가? $1000이었다. 내가 조카에게 어떤 모습을 보여주었을까.
 지나온 시간들을 거슬러 오른다. 걸어 온 길, 가고 있는 길, 가야 하는 길에 목적을 두고 언행을 조심하자는 일념으로 살았다. 나는 마음이 심란할 때면 음악을 들으며 위안을 받는다. 심심하면 책을 읽는 것으로 소일을 한다. 남편이 곁에 없어 외로움이 밀려오는 날에는 예술의 전당 광장을 걷는다. 그럴 때 친구 전화를 받으면 행복에 젖어 목소리가 들뜬다.

올봄 해드림출판사 이승훈 대표로부터 선물 같은 소식을 들었다. "선생님, 문학나눔 우수도서에 선정되셨습니다."라는 축하 전화에 어리둥절했다. 글을 쓰기는 했지만 그런 제도가 있는 줄도 몰랐다. 내 감각은 형광등처럼 느려 며칠이 지나서야 좋아서 흥분했다.

9월 23일은 제7회 나꺼사 콘서트가 있었다. 나꺼사가 나를 독주 연주자로 선정했다. 나는 손사래를 치며 거절했다. 수필등단 할 때까지도 전업주부로 살아온 나는 부끄럼을 많이 탄다. 그런 수줍음으로부터 당당하기 위해 오카리나를 배웠다. 무대에 올라서 독주를 한다니, 혁명에 가까웠다. 우리 딸들도, 친구들도, 내가 밖으로 나다니면서 일 저지른다는 것은 상상도 못 했을 것이다.

내 오카리나 선생님은 "남수연". 내 딸아이 나이 또래다. 예쁘고 실력 있고 자상하게 가르친다. 독주를 사양하면 후회할 것이라고 했다.

  선생님은 나를 지도하면서 '90세를 향하는 고개를 멋지게 장식해 보라'고 했다. 곰곰 생각해 보니 언제 무대에 올라 오카리나 연주를 해보겠는가 하는 생각에 기회를 놓치고 싶지 않았다. 밤낮으로 열심히 연습했다. 연습하는 중에 많은 깨달음이 있었다. 그냥 살지 말자. 행복은 내가 만드는 것이다. 즐거움도 내가 만드는 것 아닐까. 삶에서 일어난 모든 일은 내가 주인공이어야 한다는 것을 깨달았다.

    바람 불고 비 오는 날
    쓸쓸할 뻔한 날
    밝은 햇빛
    맑은 하늘이
    활짝 웃으며 내게 다가온다.
    한쪽 날개 기러기도 훨훨
    자유를 누리며 날아간다.

  내 마음에도 날개가 돋는 느낌이다. 어디까지 날아갈 수 있을까.

복 할머니

지난 1월 5일 새벽에 반가운 카톡이 왔다. 일곱 번째 손녀의 "할머니~ 생신을 축하드립니다"라는 메시지다. 내게는 손주가 열 명이 있다. 모두 외손주다. 열 명 거의 다 내가 산 구완을 했다. 종이 기저귀가 귀하던 시절이기도 하지만 아기 엉덩이 피부에 안 좋을 것 같아 천 기저귀를 채우는 등, 갓 태어난 손주들을 밤새워 돌보며 애정을 쏟았다. 산모도 푹 쉬고, 사위도 잘 자고 직장에 출근하도록 배려한 것이었다.

첫 외손녀를 미국에서 한 달간 산 구완을 마치고 돌아오는 비행기 안에서 아기가 우유 먹을 시간이 되자 가슴이 아려왔다. 딸아이가 산후 회복도 되지 않은 몸으로 아기를 돌보려면 얼마나 힘들까. 모녀간이라 내가 겪은 일을 딸이 겪어야 하는 것을 생각하니 눈물이 앞섰다. 비행기 안에서 훌쩍이고 울 수도 없고 흐르는 눈물을 막을 길이 없었다. 내 품에 안겨 새록새록 잠들던 손주를 생각하면 안쓰러울 뿐이었다.

 엄마라는 자리는 어느 곳에 앉아 있어도 늘 불안하다. 내가 큰아이를 더 돌봐줄 수 없었던 것은 대학입시 준비하는 딸아이가 기다리고 있었기 때문이다. 이런저런 상황에서도 외국에서, 국내에서 열 명의 외손주들을 산 구완하던 세월이 주마등처럼 지나간다.

 딸들이 몸을 풀면 이것저것 챙겨 먹이고 밤낮이 바뀐 아기 시간을 맞추느라 내 몸은 천근만근이었지만 딸을 위하는 마음에 흐뭇했다. 그 시절 나는 열심히 했지만, 딸들은 얼마나 만족했을까. 딸들이 나의 희생을 당연한 것처럼 여기는 듯해 가끔 서운하기도 하다.

 내가 30세에 홍콩에서 셋째 딸을 해산했을 때 친정어머니 생각이 간절했다. 나를 낳으실 때 이런 산통을 겪고 애지중지 기르셨을 것을 생각하니 어머니가 몹시 그리웠다. 그런 생각은 그때뿐, 어머니께 잘해드리지 못한 한이 아직도 가슴을 아리게 한다.

나는 삼대독자와 인연을 맺어 결혼했다. 할머니는 내 결혼을 탐탁하게 여기지 않으셨다. 그 당시 삼대독자 혼처는 집안에서 시집보내기 꺼리는 자리였다.

나의 어머니는 무남독녀로 아들을 넷이나 낳으셨다. 그래서 그런지 나는 삼대독자 안사람 자리를 소홀히 여겼다. 첫딸이 태어나자 친정 식구 모두 기뻐하고 축하했다. 나는 철부지였는지 아들, 딸 차이에 관심 없이 너무 좋았다. 친정아버지는 옥편을 펴놓고 딸아이 이름짓기에 열중하셨다. 딸 셋이 태어났을 때도 하나하나 모두 예쁘게 정성을 들여 길렀다.

1960년대에 자녀를 두 명 이상 낳는 사람이 드물었다. 둘만 낳아 잘 기르자는 산아제한이 다산의 꿈을 접게 했다. 나는 칠거지악 소리를 듣지 않으려고 노력했지만 네 번째도 딸을 낳았다. 삼대독자 남편은 딸이라고 서운해한 적이 없었다. 나는 죄를 지은 마음이었다. 내가 아무개 집 딸이 예쁘다고 하면 어디 우리 딸이 더 예쁘지 무슨 소리냐고 펄쩍 뛰곤 했다. 남편은 온순한 사람이었다. 딸들을 직장 야유회에도 데리고 가곤 했다. 내가 둘째 딸 해산하고 누워있을 때 연말 파티에 세 살 난 큰딸을 무대에 올려 〈맨발의 청춘〉 노래를 하게 했다. 딸아이는 아빠의 응원에 힘입어 노랫말도 모르면서 "눈물도 한숨도 나 혼자 씹어 삼키며"라고 흥겹게 노래를 불러 인기를 독차지하기도 했다.

네 명의 딸들은 모두 성실했다. 결혼해서 내게 열 명의 외손주를 선물했다. 어느덧 내 나이 87세가 되었다. 외할머니로서 맛있는 요리는 못 해주지만 손주들이 제 엄마 앞에서 입장 난처한 상황을 만나면 나는 손주들 편을 들어준다. 그럴 때면 딸들은 "엄마가 애들 데려다 키우세요." 하며 핀잔을 준다. 손주들은 어쩌다 제 엄마 모르게 용돈을 주면 손사래를 치면서 안 받는다.

가족 모임이 있는 날, 특별한 사정이 없으면 아이들이 모두 모인다. 여자 형제가 없이 혼자 자란 나는 네 명의 자매가 화목하게 웃고 떠드는 것을 볼 때가 가장 행복하다.

어제는 내 생일이었다. 언제나 정초에는 딸들이 시댁에서 차례를 준비하느라 무척 바쁘다. 그런데도 남편이 떠나고 딸들이 내 생일을 잊지 않고 챙긴다. 모이자는 말에 바쁘다고 핑계를 대고 조용히 혼자 지낼 때도 있다. 새벽부터 손주들이 "할머니 생신을 축하합니다. 건강하게 오래오래 사셔서 우리 곁에 계셔주세요." 외국에 살고 있는 손녀, 손자도 축하 전화를 했다. 이 소식을 들은 딸들은 "아유 복할머니야. 복이 입에 착착 붙네. 진아도 미국에서 전화했대. 대박이다."

삶에 어찌 좋은 일만 있을까. 대장간 쇳덩이가 담금질 해야 단단해지듯, 궂은일 후에 반드시 기쁜 일이 뒤에 따라온다. 나는 아들을 낳기 위해, 네 번의 산고를 겪었지만 네 명의 딸을 얻었다. 딸들에게서 열 명의 효손을 얻었다. 그들이 늘 내 주변을 감싸고 있어 혼자 있어도 외롭지 않고 기쁘다. 멀리서도 할머니 생일을 기억하는 마음은 맞잡은 손보다 더 따스한 정이 흐른다.

딸 넷을 애지중지하던 남편, 남의 집 아들을 부러워하는 기색이 없던 남편은 언제나 나를 세워주는 기둥이었다. 남에게 보여주는 인생을 살지 않았던 그가 없는 빈자리에 효심 많은 손주를 보내놓은 것 같다. 혼자 잘 차려진 밥상을 받는 것 같아 미안한 마음이 들기도 하고 함께하지 못해 늘 마음이 아리다.

길 잃은 여인

"슬퍼 말아요. 하늘나라에서 그대를 위해 기도할게요."
오페라 춘희의 노랫말이지만 남편이 나를 부르는 듯, 간절한 환청에 내 영혼이 울렁였다.

몇 달 전에 떠난 남편이 하는 기도로 들리면서 하염없이 흐느껴 울었다. 그가 떠난 얼마 후 오페라 '라트라비아타(La Traviata)'를 감상할 때였다. 끝 장면에서 연인을 두고 죽어가는 비련의 주인공 춘희가 애간장 녹이며 부른 독백이다.

학창 시절에 어머니하고 명동 의상실로 옷을 맞추러 가곤 했다. 나는 주로 검은색, 회색으로 주문하면 어머니는 어머니 마음대로 빨간색으로 바꾸곤 하셨다. 대학 졸업반

때 그 원피스를 입고 찍은 사진을 보면 제일 눈에 띄고 예쁘다.

어머니가 홍콩에서 근무하는 둘째 아들 초청으로 외국에 다녀오실 때 파리 유명한 디자이너의 코트를 사다 주셨다. 초록빛이 유난히 밝아 내 마음도 환하게 하던 코트였다. 그때 내 나이는 초록빛과 닮은 33세였다. 나이가 지긋해지니 차츰 빨간색, 초록색이 좋다. 아직도 평소에는 익숙한 검정을 즐겨 입는 편이다.

여러 해 전 막내딸이 올랜도에서 살았을 때 일이다. 기후가 사철 온화한 플로리다주 올랜도는 마을에 오렌지 향이 은은하게 퍼지곤 했다. 향긋한 오렌지 향기를 찾아 두리번거리니 집 뒤뜰에 나무 한 그루가 있었다. 간혹 산책길을 걷다가 우람한 나무를 만나면 나를 반겨주는 듯했다. 짙은 녹색 잎이 우거진 나뭇가지에 우윳빛 꽃이 피어 있었다. 그것은 우리나라에서 보지 못한 하얀 동백꽃이었다. 그 우아한 모습에 나는 반해버렸다. 그 후 동백꽃은 내 마음속에 언제나 피어있는 꽃이었다. 미국에서 돌아와 집 앞뜰을 보니 동백꽃이 활짝 피어있었다. 꽃도 이름을 불러줄 때 나에게로 온다는 어느 시인의 말이 생각났다.

나를 향해 웃고 있는 동백꽃을 왜 모르고 살았을까. 어느 늦겨울 남편이 집 앞 화단으로 나오라고 불러 갔더니 빨간 꽃나무 아래 서라고 하며 카메라 셔터를 눌러댔다.

나는 별로 예쁘지 않다는 생각에 사진 찍히기를 좋아하지 않았다. 그래서 돈과도 바꿀 수 없는 추억어린 사진을 없애고 말았다. 지금은 후회막급이다. 빨간 동백꽃을 그때 처음 보았는데 마음의 기록을 없앤 것은 철부지에 가까웠다.

오페라 라트라비아타는 "길을 잃은 여인"이라는 부제를 달고 있다. 스토리는 사교계 여인과 순수한 남성의 사랑 이야기다. 부유한 남성과 순수한 남성 사이를 방황하는 여인이 진정한 사랑을 깨달았을 때 이미 심각한 병을 앓고 있었다. 빨간 꽃을 머리에 꽂은 아름다운 여인은 진초록 잎에 핀 한 떨기 꽃이었다. 그 꽃이 동백이다.

나는 한때 세밀화를 배워서 동백꽃을 그리곤 했다. 동백꽃을 자세히 보지 못했지만, 유난히 잘 그려졌다. 시인이 제주도에서 찍은 빨강 동백꽃 사진을 보내준 일이 있다. 마음의 고향처럼 동백꽃만 보면 동백 잔치에 가보고 싶은 생각이 든다. 벼르다가 작년에 여수 오동도, 광양 동백을 보러 갔다. 시기를 놓쳐서 시들은 동백에 실망하고 돌아왔다.

　나는 7년 전에 동백 분재를 거금을 주고 산적이 있다. 허리 굽힌 나무가 빨강 꽃을 피우고 나를 내려다보고 있는 듯했다. 도타운 초록빛 잎새에 노란색 입술을 감싼 빨강 꽃잎은 강인해 보였다. 굽이굽이 돌아가는 인생의 고갯길을 무난하게 걸어온 남편과 나의 모습을 보는 듯했다. 분재를 키워 보니 꽃봉오리가 맺힌 지 여러 달 되어도 꽃을 피우지 않았다. 뜨거운 여름을 지내고 나서야 꽃을 피워냈다. 동백은 내 인내심을 시험이라도 하려는 듯했다.

　남편이 좋아하던 빨강 동백꽃은 내 사랑도 받았다. 올겨울이 가기 전에 남도로 제주도로 동백꽃 만나러 가야겠다. 어쩌면 나는 동백을 만나면 길을 잃을지도 모른다.

상춘객

　남쪽으로부터 꽃소식이 들려온다. 아직 귓불을 스치는 바람은 쌀쌀하다. 봄이 더디게 오는데 서울에는 봄꽃들이 앞다투어 피어나고 있다는 카톡을 받았다. 봉은사 뜨락에 홍매화꽃이 한창이라며 나들이 꾼이 내 엉덩이가 들썩이게 한다. 어젯밤 봄비가 지나가고 난 화사한 매화꽃을 찾아 혼자 봉은사로 나섰다. 몇 년 전 사진작가들과 봉은사 홍매화를 만나고 매년 이맘때가 되면 꽃을 만나러 오는 것이 일 년 행사다.
　나는 꽃을 좋아하지만, 유난히 매화에 어린 추억이 많다. 어린 시절 어머니가 내 생일에 매화꽃 문양 은수저를 만들어주셨던 기억이 아직도 선명하다.

내가 마음의 준비도 없이 결혼을 시작했을 때가 3월이었다. 새롭게 시작하는 인생에 어떤 파란이 일지도 모르고 선택한 결혼 앞에 삼월의 봄바람은 아직 찼다. 새로 시작된 인생길에 삼월의 한기가 느껴지기도 했지만 나는 꽃을 피우기 위해 바람의 수난쯤은 견뎌낼 지혜가 생겼다. 그런데 친구들은 매화꽃을 보면 여리여리한 내가 연상된다고 했다. 옥매화가 청순한 처자라면 홍매화는 교태스러운 새색시 같다며 꽃의 철학을 이야기했다.

늘 피고 지는 꽃은 자태로 말한다는 데 나도 동의한다. 우리 집 뜨락 매화나무 등걸에 봄기운이 느껴진다. 오늘 아침 외출을 하며 나무를 보니 꽃봉오리가 뾰족하게 얼굴을 내밀고 있었다. 매일매일 매화나무가 꽃을 파종하듯 피워내고 있다.

나는 연약한 꽃봉오리를 보면서 그 생명의 기운에 감동한다. 살 만큼 살아서 이력이 났을 법하지만, 어찌 괴로운 일이 없겠는가. 매화꽃을 보면서 힘들고 지친 세상사를 덮고 다시금 마음을 가다듬어본다. 어디선가 봄의 기운이 불끈 솟아나는 느낌이다. 자연의 생명은 나약하지만 커다란 힘을 지니고 있다는 생각을 한다.

 봄, 여름, 가을, 겨울 계절의 변화를 느끼며 사는 우리는 가슴 속에 소설책 몇 권쯤 지니고 산다는 말에 동의한다. 인생의 황혼역 앞에서는 누구나 시인이 되고 철학자가 되는 것이리라.

 자연이 우리에게 주는 메시지는 무엇일까. 나는 자연을 보며 사람에게서 얻을 수 없는 위로를 받곤 한다. 오늘 갑자기 봉은사 홍매화가 보고 싶어 혼자 길을 낸 것도 그런 연유다. 아직도 나는 세상과 삶을 향한 관심과 시선이 따스한가 보다. 자연도 사람도 그렇다. 관심을 가져야만 보이고 마음에 들어온다. 오늘따라 홍매화 나무가 건장한 남자처럼 우직하고 당당하게 느껴졌다. 매화사랑은 여자들의 전유물이 아닌 모양이다. 상춘객 중에 남성들이 많이 눈에 띄었다. 나는 남성들이 망원렌즈를 들고 꽃을 담는 신중한 모습이 존경스럽게 느껴지기도 했다. 꽃의 마음을 들여다보는 듯 같았다.

 내가 봄이면 매화꽃을 기다리는 이유가 있다. 문우이며 사진작가 고성애 선생님과 수필 수업을 마친 어느 봄날이었다. 매화가 곱게 핀 아시아공원에서 꽃을 카메라에 담고 있었다. 그 모습에 흥미를 느낀 내가 무엇을 찍느냐고 물으니 카메라에 매화를 담는 법을 가르쳐 준다고 했다. 매화를 어떻게 들여다보는가에 따라 다른 느낌이 드는 것일까. 그녀가 팁을 준 사진의 구도 잡는 것을 이해하고 찍었더니 꽃이 달라 보였다. 그때부터 매화가 필 때쯤이면 아시아공원에 꽃을 담기 위해 혼자 간다. 봄이면 나는 사람을 만나러 가는 것보다 꽃을 만나러 다니느라 분주하다.

봉은사 홍매화를 보러 간 날, 꽃 사진을 예쁘게 찍으려고 쩔쩔매는 나를 본 어떤 남자가 "이렇게 담아 보세요" 하며 친절하게 가르쳐 주었다. 남자가 카메라에 담은 사진을 보여주는데 너무 아름다웠다. 그는 꽃이 좋아 사시사철 꽃을 찾아다닌다고 했다. 꽃을 좋아한다는 그의 얼굴은 웃음으로 가득했지만, 왠지 어두운 그늘이 서려 있는 듯했다.

그는 스스럼없이 자기 이야기를 하며 경계를 허물었다. 남자는 64세라고 하며 손자 사진을 보여주었다. 내가 간식으로 가져간 초콜릿을 건네자 고맙다며 백에 넣는다. 의아해하는 내게 손자에게 준다며 겸연쩍게 웃었다. 손자가 아버지보다 남자를 더 따른다며 행복한 미소를 지었다. 사진 속 아내가 미인이던데 남자는 아내 이야기를 안 했다. 무슨 이유라도 있는 것일까. 남자는 아내와 거리감이 있다고 말했다. 남자에겐 자식이 없다고 했다. 아이를 무척 갖고 싶었지만 찾아와 주지 않았다고 했다.

아내는 집안의 꽃이다. 아내의 향기에 취한 남편이 나비가 될 때 가정이 훈훈하다. 그 남자의 아내는 나비가 다가오지 못하게 향기를 보내지 않는 것 같았다. 그 아내는 시어머니와 시댁 식구에게는 잘하지만, 남자에게만은 거리를 둔다고 했다. 사랑의 꽃을 피우기 어려운 남자가 선택한 것은 자연이라는 생각이 들었다. 그 남자가 꽃을 찾아다닐 때 그의 사랑은 완성되는 것일까. 꽃 앞에서 남자는 무척 행복해 보였다. 프랑스의 사상가 몽테뉴의 말이 떠올랐다.

"인생은 평화와 행복만으로 살 수는 없으며 괴로움이 필요하다. 이 괴로움을 두려워하지 말고 슬퍼하지도 말라. 인생의 희망은 늘 괴로움 언덕길 그 너머에서 기다리고 있다"라고 했다.

봄 길에서 나는 꽃을 만나면 나이를 잊는다. 행복으로 통하는 길 어디쯤에서 나는 헤매고 있는 것일까.

아끼여사 여행기

　가을로 가는 길목에 춘천 골프장을 향해 달렸다. 북한강 물안개를 보면 내 마음 깊은 곳에 머물러 있는 회색빛 추억이 겹쳐진다. 사계절 다양한 정서를 담아내는 경춘가도를 달리다 보면 유난히 사교적이셨던 친정아버지 얼굴이 떠오른다. 반면에 나의 어머니는 소박하게 가꿔진 우리 집 화단처럼 소소한 것에 삶의 의미를 두고 사는 현모양처 모습이었다. 어머니는 늘 육 남매 키우기에도 버거웠지만, 아버지 취미 생활 따르기를 더 힘겨워하셨다.
　부부 모임이 있던 어느 날, 어머니가 연분홍 한복을 차려입고 외출을 하시다가 갑자기 주저앉으셨다. 버선발에 통증이 온 것이다. 엄지발톱이 파고들어 염증이 생겼던 모양이다. 자그마한 어머니 엄지발톱이 염증으로 꺼뭇한 점박이가 되었다. 그 통증이 얼마나 괴롭혔을까. 어머니는 웬만한 것은 내색하지 않고 참아내는 성품이셔서 안쓰럽기도 했다. 언제나 자신보다는 남편을 먼저 생각하고 행동하시는 어머니 모습이 자연스럽게 나에게도 스며들어 때로는 그런 내 모습이 싫기도 했다.

 나도 젊은 날, 남편이 좋아하는 골프를 함께 치러 다녔다. 운동을 좋아하지 않았지만, 남편의 사회생활에 참여하는 것은 배우자의 도리였다. 봉급생활로 가사를 꾸려가는 아녀자로서 골프는 어불성설이라고 도리질을 하면서도 끌려다녔다. 골프채 세트, 옷, 신발을 갖추는 비용도 만만치 않았다. 잔돈푼에도 지갑을 쉽게 열지 못하는 나는 골프화도 제일 저렴한 것으로 샀다. 골프를 치고 돌아올 때 길이 막히는 고생을 하지 않으려고 우리 부부는 주로 새벽 시간에 부킹을 했다. 춘천 가는 47번 국도에서 만나는 북한강 물안개는 지나간 날들을 회상하는 심연으로 나를 이끌곤 했다. 남편을 따라 이동할 때마다 마음과 현실이 따로 노는 듯한 상황이었지만 즐기려고 노력했다.

 필드에 나간 지 얼마 되지 않았지만 운동 신경은 있었

는지 홀인원도 했다. 뜻밖의 홀인원을 하는 바람에 그 기쁨을 참지 못했다. 기분처럼 높이 올라보고 싶어서 폴짝 뛰었다가 그만 주저앉고 말았다. 한 타 한 타 운동에 집중하느라 신발이 발톱에 문제를 일으키는 것도 몰랐다. 저렴한 가격에 혹해서 산 골프화가 종일 엄지발톱을 짓눌러 부어오른 것이었다. 남은 홀을 돌면서 저렴한 골프화를 사겠다며 고집을 부린 것이 생각나 쩔뚝이면서도 아무 소리를 못 했다. 그때 얻은 발가락의 문제는 고질병이 되어 지금도 고생 중이다. 가끔 어머니가 발톱으로 고생하셨던 것을 생각하며 물려주지 않아도 될 고통을 왜 딸에게 주고 가셨느냐고 허공에 대고 말을 한다.

모전여전이라고 꽃을 좋아하던 어머니를 닮아 나도 꽃을 무척 좋아한다. 오늘은 아파트 앞 뜨락을 지나는데 어디선가 은은한 향기가 내 걸음을 멈추게 했다. 누군가 아파트 뜨락에 옮겨심은 연분홍 동백꽃이 어느새 자라 향기를 뿌렸다. 처음 보는 연분홍 동백꽃을 자세히 들여다보았다. 탐스러운 꽃을 보며 돌아가신 어머니 얼굴을 떠올렸다. 노란색 꽃술 안에 검은 점박이가 숨어 있는 꽃잎이 인상적이었다. 한복을 입은 어머니 모습이 꽃 속에 어른거려 한참을 울먹였다.

 이제 어머니를 만날 날이 가까운 나이가 되니 내게 주고 간 것이 많다는 생각을 한다. 발톱 모양도 그렇고 가정생활에서 아내의 역할과 엄마의 역할을 목숨처럼 지키며 산 모습도 너무나 닮았다.

 며칠 전에 십 년 만에 홍콩 여행을 다녀왔다. 삼대 모녀가 하늘길로 여행을 나섰다. 딸 아이는 "엄마 기분 내세요. 예쁜 옷도 챙기시고요." 했다. 내 취향을 잘 아는 딸애의 잔소리다. 나는 여행할 때 옷을 항상 구겨도 아깝지 않은 허름한 옷으로 준비해가곤 한다. 언제나 딸애는 "엄마 그런 옷밖에 없어요?" 하며 볼멘소리를 한다. 그런 내게 아이들이 붙여준 별명이 있다. 아끼여사, 너무나 아낀다는 뜻이란다.

 이번에는 아끼여사 답지 않게 새 운동화를 준비했다. 홍콩 곳곳을 구경하려면 발이 편해야 하고, 사진도 예쁘게 나오게 하려고 신발에 신경을 썼다.

 첫날은 남편이 근무하던 외환은행 홍콩지점을 찾아갔다. 그 시절 제법 화려한 도시 센트럴 로드에 있었는데 지금은 상가가 되어 섭섭했다. 추억도 함께 사라져버리는 느낌이었다. 내가 좋아하던 완탕면 맛집은 그대로 있었다. 지금은 미슐랭 인증을 받아 많은 사람이 찾는 맛집에서 즐거운 하루를 지냈다. 아트 바젤 훼어도 관람을 했다. 1967년에 살던 집에는 시간이 맞지 않아 가보지 못했다. 지나간 추억을 찾아 떠나는 여행은 많은 의미가 있었다.

홍콩에서 살아간 날들이 주마등처럼 스쳐 지나갔다. 나이 탓일까. 추억과 일관되지 않은 것들은 별로 흥미가 없었다. 젊은이들은 여행하면 쇼핑을 빼놓을 수 없다. 애들은 자잘한 물건을 쇼핑하며 여행에 푹 빠졌지만 나는 따라다니는 액세서리가 되었다. 차츰 발톱에 통증 신호가 왔다. 모양만 보고 딱 맞는 운동화를 종일 신었으니 발이 짜증을 낼만도 하다.

딸과 손녀가 내가 절룩이는 모양을 눈치챌세라 입을 꾹 다물고 겉으로는 씩씩하게 걸었다. 애들은 물 만난 고기마냥 물건을 고르느라 분주했다. 나는 앉을만한 자리가 없나 두리번거렸다. 외국은 우리나라처럼 노약자를 위한 배려석이 많지 않았다. 그때 손녀가 눈치를 채고 "할머니 운동화 하나 새로 사드릴게요?" 한다. 손녀 말 한마디에 내 마음이 눈 녹듯이 녹아내렸다. "아나 할머니 괜찮아."

라고 하며 쇼핑을 더 즐기도록 했다. 어른 노릇 하기 참 힘들다. 손녀의 마음 씀이 무색할까 봐 아이스티를 마시고 싶다며 카페에 가자고 했다. 멋진 카페는 실내 장식이 화려해서 차 값이 비쌀 것 같았다. 조금 싼 카페를 찾으려다 더 걸을 수 없어 손녀를 따라갔다.

영국에서 차로 유명한 카페였다. 티나 커피만은 안 팔았다. 세트 메뉴를 보니 1인당 한국 돈으로 12만 원이었다. 비싼 아이스티를 마시고 나니 발걸음이 한결 가벼워진 것 같다고 말했더니 애들도 배를 잡고 깔깔 웃었다. 싼 운동화 하고 12만 원짜리 아이스티하고 맞바꾼 기분이었다. 동행하지 못한 서울에 있는 딸들에게 코미디 에피소드를 이야기 해주었다. 하나같이 아이들은 아낄 것을 아끼라고 야단쳤다. 나는 아끼여사인가, 돈 앞에서 주변머리가 없는 것일까.

한바탕 코미디 에피소드로 웃으며 나는 마음속으로 울었다. 어머니가 발톱으로 고생하실 때 약 한 번 발라 드리지 못한 나였다. 손녀만도 못한 딸, 마치 내 가슴이 분홍 동백 꽃잎에 박힌 점박이처럼 느껴졌다. 그 검댕이를 이, 생에서는 지울 수가 없다.

귀향

 눈앞이 깜깜해질 만큼 사는 일이 힘들 때 우리가 할 수 있는 건 생각보다 많지 않다. 그럴 때 나는 자연을 찾는다. 내 힘으로 일어날 수 없을 때는 뭐라도 잡고 일어나는 것이 습관이 되었다. 오랜만에 찾은 용문산 카페 초록 숲은 쌉싸름한 향으로 가득했다. 상쾌한 향기를 마시며 어머니 품에 안겨 있는 느낌이었다. 흙탕물을 뒤집어쓴 듯한 마음을 가라앉히기 무섭게 화창하던 날씨가 흐려지더니 하늘이 잔뜩 찌푸려졌다. 하는 수 없이 내키지 않는 발걸음은 집으로 향했다.
 내가 집순이로 살았던 탓일까 내가 편히 쉴 곳은 집이라는 생각이었다. 어릴 때부터 아버지 어머니 형제자매의 따스한 정이 흐르는 집이 참 좋았다. 좀 자라서 친구들하고 밖으로 나다니다가도 해 질 녘이면 어머니가 기다리는 집으로 돌아갔다. 결혼 후, 밖에서 일을 끝내고 돌아오는 남편과 아이들을 위해 구수한 찌개를 끓여 놓고 기다리는 것이 사는 기쁨이었다.

  내 인생 80 평생 길을 돌아보니 결코 밝은 날만 있는 것이 아니었다. 때로 묵직한 질문과 의무를 짊어지고 산 시집살이가 감당이 안 돼 눈시울을 찔끔거리기도 했다. 가끔 소나기가 지나가는 인생길에도 나는 무난하게 젊은 시절을 보냈다. 내 감성이 둔한 것인지 낙천적인지 알 수 없지만 늘 웃으면서 지냈다. 어쩌면 현재에 살지 않고 미래를 사는 강한 신념으로 살았기 때문 아닐까.

  요즈음 들어 80이라는 나이를 떠올리면 너무 오래 살았다는 느낌이다. 첫 딸을 결혼시키면서 다홍치마 노랑저고리를 입고 시댁으로 가는 뒷모습을 보고 나는 너무도 허망했다. 내 몸에서 무엇인가 빠져나가 거죽만 남은 채 정신이 혼미해지는 느낌이었다. 밤이 오는지 밥을 먹었는지 허수아비가 따로 없었다. 딸이 가고 난 아침, 남편은 출근하고 딸 셋이 등교한 후 부엌 바닥에 널브러져 통곡했다.

애지중지 키운 딸이 무서운 시댁에 들어가서 기도 펴지 못하고 살 것이 눈에 밟혔다. 내가 걸어온 여자의 길로 들어선 딸이 가여웠다.

요즘은 시대가 달라졌다고 하지만 내 딸들을 보면 예나 지금이나 여자의 길에 대한 고정관념이 존재하는 듯하다. 시댁 어른들을 받들어야 하고, 현숙한 아내의 삶을 종용한다. 착하게 잘 자란 둘째 딸, 셋째딸, 넷째 딸 모두 같은 여자의 길을 걸어가며 산다. 딸들 모두 열심히 살아내고 있지만 만만치 않음을 애써 감춘 얼굴을 보면 조금 편한 혼처를 정하지 못한 나를 탓하게 된다.

내가 친정어머니께 내 힘든 삶을 감추었듯 딸들도 나를 닮은 듯하다. 나는 딸들의 감춘 눈물을 모르는 척하지만 돌아가고 나면 혼자 운다. 딸들이 웃는 얼굴만 내게 보이려 하지만 어미는 말하지 않는 것까지 훤히 들여보는 것을 모를 것이다.

몇 해 전 남편이 세상을 등질 때 내 슬픔은 깊고 오래 갔다. 그러나 딸들이 속상한 것을 보면 속이 타들어 간다. 나 자신의 산봉우리를 오르내리는 것이 힘들다. 마음으로 우는 눈물이 더 짠하고 슬프다는 말이 실감 난다. 그래서

이 세상 모든, 어머니들 속은 숯검댕이처럼 타들어 가는 것이리라.

나는 내 속사람을 내보이는 것에 익숙하지 못하다. 희로애락의 감정을 쉽게 표현하는 친구들을 보면 부럽기도 하다. 여자들의 수다 대부분은 마음속의 응어리를 풀어내는 역할을 할 것으로 생각한다. 그러나 나는 내 슬픈 이야기를 남에게 꺼내 놓는 것이 상대방에게 슬픈 감정을 밀어놓는 것만 같아 쉽게 발설을 못 한다. 정답이 없는 것이 인생이지만 나이 들어가며 점점 치밀하게 짜 놓은 이성의 그물이 헐거워져 새나가는 느낌이다.

마음을 가장 잘 표현하는 것은 그 사람의 겉모습이다. 사람의 몸짓, 선택한 옷차림, 표정, 말씨, 눈빛은 다양한 마음 상태를 보여주는 거울이 된다. 나는 딸들에게 화가 날 때는 속을 끓이지 말고 훌훌 털며 살라고 주문을 한다. 그런데 말처럼 쉬울까.

요즘 들어 예전 같지 않게 아이 메시지를 전하는 내가 참 대견하다. 마음이 우울할 때는 나를 괴롭히는 존재를 지우기 위해 구체적으로 표현한다. 어제 본 법원 뜰에 핀 월계화를 보고 혼자 웃었다. 모순투성이 세상사에도 남의 눈치 보지 않고 핀 월계화도 속은 있을 것이다. 나의 지난 시간 들을 돌이켜 보니 크게 변화시키지도 못하며 살았고 다른 세계를 간절히 원하지도 않았다. 그저 구멍 나면 꿰매고 해어지면 깁고 그래도 허술해지면 겨우 덧대며 살아낸 삶이었다. 고백하자면 누구에게 읽히기 겁나는 글을 쓰는 것도 불편한 내 마음을 어떤 방법으로라도 표현하여 평안을 얻기 위한 노력이다.

 이만큼 살다 보니 인생살이는 완벽한 갖춤이 아니란 말이 생각난다. 세상 살면서 혼자 우는 날이 올 줄 몰랐다. 노년의 지루함을 지혜롭게 살아낼 수 없을까. 자식이나 형제, 친구가 나들이 가자는 소식을 목을 빼고 기다리지 말고, 헛웃음일지라도 속 시원하게 날리며 지내야겠다.

 용문산 숲을 뒤로하고 집에 돌아오니 나훈아의 은퇴 소식이 휴대폰에 떠 있다. 나도 요즘 글이 안 써져서 필을 놓고 은퇴할 생각이었는데 나를 응원해 주는 듯하다. 나훈아의 은퇴 이유가 심오하다. "나는 노래를 얼마든지 더 할 수 있다. 그래서 은퇴하는 것이다." 바닥을 모르는 그의 예술혼이 나를 부끄럽게 했다. 그러나 이제는 모든 것을 내려놓고 자유로운 내 고향으로 돌아가고 싶다.

2

책이 있는 풍경

심윤보 作

골목 여행

 내가 매주 가는 금호동 골목길은 우산을 펴면 지날 수 없을 만큼 비좁다. 동네를 끼고 도는 골목길은 굽어졌다 펴지기를 반복한다. 급하게 꺾어지는 골목을 만나면 몸이 움츠러든다. 골목을 돌아 나오는 사람과 부딪히면 피할 길이 없어서다.
 이른 아침 햇살이 비치는 동네 골목은 적막하기까지 하다. 도심의 소란스러움과는 구별되는 고요함이 낭만적이다. 적막한데 자꾸 걷고 싶어지는 것은 골목이 지닌 매력에 푹 빠진 듯하다. 비좁은 골목길이지만 정을 느끼기에 충분하다. 웅장하고 깔끔한 도시적인 미관과는 어울리지 않지만, 그 골목에서는 도란도란 피어나는 이야기들이 들리는 듯하다.

 철 대문, 칠이 벗겨진 자리에 꽃 그림을 그려 놓았다. 집을 지키는 사자 문고리가 입을 꾹 다물었지만 반듯하게 못질을 해서 제자리를 지키고 있었다. 오래된 시간을 고스란히 드러내고 있는 동네 집들은 모두 자그마하다. 담벼락도 없이 다닥다닥 붙어있는 집들은 옴팡집 모습이다. 골목 끝 집 담 밖에 빨간색 화초 고추를 심어 놓아 나 같은 길손을 반갑게 맞이하고 있었다. 비록 허름한 동네 골목이지만 인심이 살아있어 정이 들게 했다. 골목을 지나가며 집주인의 고운 마음씨가 마음에 와닿았다.
 좁은 골목을 지나면 조금 널찍한 길이 나온다. 소란스러운 배달 오토바이가 지나간다. 담벼락에 기댄 의자에 노 할머니가 햇볕을 쬐고 앉아 있다. 길 양쪽에는 식당 간판들이 나와서 다시 한번 들러 달라고 호객행위를 한다. 어떤 식당에는 문 앞에 고추, 호박, 가지를 플라스틱 통에 심어 놓고 열매를 식재료로 사용했다. 농약을 주는 것 같지 않아 음식을 맛보고 싶었다.
 골목에는 아직도 연탄 때는 흔적이 있었다. 종량제 봉투에 연탄재를 가지런하게 담아 내놓아 주변이 정갈했다.

동네 주민들은 거의 식당업에 종사하고 있는 듯했다. 음식값이 골목 인심답게 싼데 맛은 어머니 손맛 느낌이다. 입에 달라붙는 고향의 맛이다. 다닥다닥 붙어있는 식당에 다 들르려면 한 해 맛 기행을 다녀야 할 듯하다.
　직접 김치를 담그는 모습은 지나가는 사람의 눈길을 붙잡는다. 요즘 중국 김치를 내놓는 곳이 대부분인데 정성으로 차려내는 밥상이라 맛이 다른 듯하다. 음식점 여인들의 옷매무새도 깔끔하고 정갈했다. 오랜 친구들 만난 듯 밥상을 차려내는 골목 식당에는 도심에서 찾아보기 어려운 것들로 가득하다.
　골목에는 지나는 발길이 많지 않은데 미장원이 세 집 걸러 하나씩 있었다. 미장원 문밖에 수건이 바람결에 날렸다. 대나무 바지랑대에 걸린 빨래들이 개운한 듯 훨훨 춤을 추고 있었다.
　좁은 골목에 살아도 사람들 표정은 해바라기처럼 항상 밝았다. 나는 골목 음식점을 순례하고 싶어 매주 12시에 오카리나 레슨이 끝나면 선생님과 점심을 먹는다. 우리가 들르는 식당 사장님들은 오랜 지인을 맞이하듯 친절하다. 밥상머리 경제라고 인심이 후한 밥상을 차려내느라 시장 물가에 마음이 쪼그라든다고 했다. 내가 염치없이 나물을 더 달라고 해도 친절하게 주지만 마음이 편하지 않았다. 금호동 골목 동네에 길손들이 많아졌으면 좋겠다.

요즘 물가가 아파트 층수와 같이 하늘 높은 줄 모르고 오른다. 시장 경제에 동승 할 수 없다고 판단한 젊은이들은 결혼을 기피하고, 아기도 안 낳으려고 한다. 세상이 우리를 길들이고 있기에 사람의 정서가 점점 메말라가고 있다. 자기 이익을 챙기는 것에 최상의 가치를 두고 사는 사람들에게 골목길을 선물하고 싶다.
　누구나 길을 잃어봐야 자신만의 지도를 그릴 수 있다. 나는 사는 것이 재미없다는 사람들에게 미묘한 감정이 묻어나는 금호동 골목길에 가보라고 안내한다. 내 자녀 손들과도 골목길을 함께 걸으며 지금 일상에 감사하는 마음으로 세상을 바라보라고 가르쳐주고 싶다.

억지 춘향

　내 마음에는 언제나 푸른 바다가 있다. 그리움이 목까지 차오를 때 찾아가는 바다에는 희망이라는 단어가 박혀 있다. 바다는 거친 파도가 닥쳐와도 감정을 잘 추스른다. 내가 좋아하는 동해바다는 눈이 시릴 만큼 먼 수평선과 거칠게 일렁이는 파도가 한 지붕 아래서 산다. 바다는 늘 술렁거리다가도 내 마음속에서도 번뇌와 감정은 파도처럼 수선거린다. 그것은 내가 홀로여도 외롭지 않다
　수업 후 문우들과 함께하는 점심시간은 수다가 풍성해서 좋다. 오늘은 해가 바뀌고 처음 만나는 날이라서인지 기분이 묘하다. 왠지 새로 맞는 신선함보다 빠르게 지나

가는 세월을 붙잡을 수 없는 것이 나를 서두르게 했다.
"문 선생님 우리 함께 동해바다로 떠날까요."
"그래요, 갑시다."
그녀다운 번개같이 빠른 대답은 내 마음을 들뜨게 하기에 충분했다. 수다를 곁들인 점심을 먹으며 오 선생님, 김 선생님이 동행해 주신다니 귀가 번쩍 띄었다.
내 제안에 동의한 것이다. 공감과 소통은 마음에서 나온다. 우리가 따뜻한 가슴을 맞대고 있는 느낌이 들었다. 수필교실에서 중책을 맡아 일상이 바쁠 텐데 그 마음이 감동이다. 여행은 번개같이 이루어져야 맛이 난다. 오랜 기간 계획한 여행은 이루어지기 어렵다.
나를 비롯해 함께할 세 명은 나이가 지긋한 노년이다. 젊음과 늙음은 백지장 한 장 차이밖에 안 된다. 우리의 느슨함은 시간이 갈수록 동화되기 시작했다.
김 선생님은 관광할 여행지 선택부터 버스표 구매까지 일사천리로 안내했다. 우리 사이에는 요즘 시대에 보기 드문 사랑의 하모니가 흐른다. 노인 기피 현상이 두드러진 현세에 이미 다 다녀본 곳을 우리 세 노년을 위해 동행해 주는 마음에 피붙이 같은 살가움을 느꼈다.

당일 코스 여행인지라 시간을 아껴야 했다. 풍경을 눈에만 담기 아쉬워 사진을 찍느라 뒤처지는 난 밉상을 부렸다. 나는 여행을 하면서 누구에겐가 짐이 되면 안 된다는 생각을 하고 있다. 배고픔도 참으며 젊은 호흡에 맞추느라 무리를 했다. 내 몸에 시간의 나이테를 들여놓고 있다는 생각을 했다.

동해의 진초록 바다 풍경이 내 발길을 붙들고 놓아주지 않았다. 어머니 품을 떠나듯 아쉬움을 남기고 설악산 권금성으로 향했다. 신비의 산에 오른다는 감흥에 점심시간을 훌쩍 넘긴 배고픔도 아랑곳하지 않고 씩씩하게 앞장섰다.

케이블카에서 내려 산을 향해 오르기 시작했다. 아찔했다. 돌산이 가파르기까지 한 것 아닌가. 등산화를 신지 않은 나는 발목이 제멋대로 놀아서 산행을 포기하고 주저앉고 말았다. 도저히 오르지 못하겠다며 먼저 기권한 정 선생은 오르고 나는 패잔병이 되었다. 산바람이 내 귀를 간질이며 지나갈 때 남편의 음성이 들리는 듯했다. "이번 등반이 생애 마지막 등반이라고 생각하고 따라가 봐요"라고 말이다. 엉금엉금 돌산을 오르는데 인생의 배후에는 한참 돌아봐야 아는 것도 있다는 생각을 했다.

권금성 정상에 오르자 바람이 자꾸 밀어냈다. 좀 더 젊어서 오지 않고 왜 이제 왔느냐고 심술을 부렸다. 이런 것을 억지 춘향이라고 해야 할까.

권금성은 높고 길고 험했다. 기어이 올라가 일행을 만나니 환희의 눈물이 났다. 눈물을 들키지 않으려고 햇살을 바라보며 눈을 찡그렸다. 정상의 바위산은 몸을 가눌 수 없을 정도로 급경사가 져서 직립보행이 어려웠다. 한 발이 미끄러지면 낭떠러지로 추락할 위험이 나를 게처럼 걷게 했다. 세상에 처음 경험해 보는 극기 훈련이었다.

젊은 문우 두 명이 가파른 바위에 단정하지 않은 자세로 앉아 증명사진을 찍고 있었다. 권금성 정상에 오른 내가 장해서 나도 인증샷을 날렸다. 온몸을 가까스로 지탱하느라 배불뚝이 모양새가 추억을 각인시켰다.

삶의 질은 활기 있게 사는 것으로부터 시작된다는 것을 알았다. 나의 속초 여행은 내일 죽어도 여한이 없을 만큼 멋진 여행이었다.

젊음의 노년에 대한 희생적인 배려와 봉사가 아니었으면 길에서 헤맬 뻔했다. 든든한 버팀목으로 우리 세 노년의 행복을 선물한 마음은 수평선이 보이지 않는 바다다.

여행의 즐거움은 시행착오를 동반해야 오래 기억된다.

"돌산 오르기가 무섭지만 아무 소리 말고 따라다녀야 해요. 그래야 이 노인들 또 데리고 다니지요, 다시는 안 데리고 다닌다고 하면 어째요."

요즘 노년을 향해 달려가고 있는 나는 참는다거나 지나친 무리를 하지 않는 게 좋다는 주변의 조언이 공감하지 않는다. 여행 일정 중 배고픔도 참았고 설악산 권금성에도 오르며 무리해서 내 삶의 남은 에너지를 다 쏟아부었다.

정상에서 건너편 산을 향해 큰소리로 외치니 산은 메아리로 나를 응원했다. 건너편 봉우리와 내가 선 산 사이에 푸른 바다가 펼쳐져 있어서 나는 그 위를 걷고 있었다.

널 보고 오던 날

　널 보고 오던 날 세상은 온통 너였다.

　그리움이 가득해 너를 닮은 노을이 어제처럼 바람에 나부낀다. 향기로 가득한 봄밤 달이 차오르더니 내 마음 언저리에 일렁이는 고독은 떠나버린 님의 모습을 그리더니 이내 너의 얼굴이 스친다.

　모란꽃은 상상의 날개옷을 입고 몽상에 빠질 시간을 주었다. 붉은 모란 꽃잎처럼 수려한 문장을 쏟아 낼 수 있다면 얼마나 좋을까. 몽상은 다른 세계로 통하는 신비로운 문이다. 그 문 너머로 들어서기만 하면 모든 경계가 사라진다. 개념화되지 않은 미완의 세계이지만 위로 솟구치려는 열망을 입증하는 자존감 같은 것이다. 내가 모란을 좋아하는 것은 내면에 사색의 그물을 드리우기 때문이다.

영랑의 생가 모퉁이에 반쯤 시들어 다소곳이 숨어 있는 모란은 은은한 향기를 뿜어내며 나를 기다리고 있는 듯했다. 그 모습을 보려고 새벽부터 버스로 5시간 걸려 도착한 강진은 어머니 품속 같았다.

벌써 백련사 뜨락에서 바라다보이는 강진 앞바다에 노을이 지고 있다. 저 배는 오는 것일까, 어디로 향하는 것일까. 영랑 생가 여행은 새로운 것을 만나기 위해서 갔다. 그리워하던 모란은 마치 나를 기다린 듯 햇살을 받아 화사한 모습으로 춤을 추었다. 나는 모란을 보면 어머니를 떠 올린다.

무남독녀 외동딸로 외로움을 가슴에 묻고 살았던 어머니는 조실부모했다. 나의 외할아버지께서 선물 받은 모란 모종을 보면서 "이 꽃은 재홍이야"라고 하셨단다. 모란을 외동딸 키우듯 애지중지 키우셨다. 애달픈 사연을 담은 모란꽃은 내 친정 뜨락에도 가득했다. 모란은 어머니, 모란은 나의 그리움이 되었다.

아름다움을 표현해내는 능력은 글 쓰는 사람 내면의 깊이에 가름한다. 영랑 시인의 생가 강진에 가지 않겠느냐는 글 선생님의 제안은 기쁨이었다. 모란이라는 단어는 항상 나를 달뜨게 한다. 시인의 생가 뜰에 모란이 무성한 것은 시인의 아버지가 모란 모종을 심어 이듬해 봄에 꽃을 피운 것은 보고 "모란이 잘 자랐구나. 꽃은 저리 고운데 나라가 이 모양이니."라며 한탄하셨다.

일본인 선생님이 영랑이 다니는 학교에서도 칼을 차고 공부를 가르친다는 아버지 말씀에 어린 영랑은 충격을 받았다. 열심히 공부해서 일본인을 몰아내야겠다는 결심을 했다고 한다. 모란이 성장하는 것은 영랑의 애국심을 키우는 계기가 되었다.

강진만으로 기울어지는 노을빛이 참 좋았다. 강진의 햇살은 따사롭지만 강렬해서 시인을 낳은 고향답게 정렬이 느껴졌다. 글 선생님은 왜 영랑 시인 생가에 찾아와 모란을 나에게 보여줘 설움에 젖게 하는지, 모란 향수를 마음 항아리에 꾹꾹 눌러 담았다. 황홀한 이 계절, 너를 그리워하며 살으리랏다. 달이 뜨는 강에도 어른거리는 모란꽃은 영원한 기다림이며 그리움이다. 내 어머니, 모란은 사랑이다.

네 사랑을 이야기하려 하지 말아라
사랑이란 말로 표현할 수 있는 것이 아니거니
산들 부는 바람은 이렇게 스쳐 지나간다.
말없이, 보이지 않게
_베토벤 '사랑의 시' 중

책이 있는 풍경

나는 이 세상에서 가장 좋은 벗을 꼽으라면 바로 책이다. 책은 내성적인 나와 늘 동행하는 친구였다. 혼자 있어도 책이 옆에 있으면 나와 이야기를 나누는 느낌이었다. 문득 단원 김홍도 선생의 시가 떠오른다.

서쪽 이웃 부자건만
부족함을 근심하고
동쪽 노인 가난해도
여유 있다 즐거워하네
막걸리 걸러 옴은
좋은 손님 까닭이요

황금을 다 쓴 것은
책을 사기 위함이라
-단원 김홍도의 시-

 이 시를 만난 것은 결혼하여 아이들을 양육하며 책을 가까이하도록 지도하려고 노력하는 중에 내게 용기를 준 시다. 내가 책을 좋아하게 된 것은 나의 인생의 농담을 조절하는 키로 삼으면서부터다.
 지난 6월 수필가들의 잔치에 초대되어 참석했다. 제23회 한국문인협회 주관 수필의 날 행사가 고창에서 열렸다. 내가 글을 쓰기 시작한 지 5년 넘었지만, 이 행사에 처음 참석했다. 남편이 살아있을 때 내가 밖으로 나다니는 것을 좋아하지 않아 용기를 내지 못한 탓이다. 남편의 품 안에서 나는 아낙군수로 살아왔다. 혼자라는 홀가분함이 내 마음에 날개를 달아 주었나 보다.
 요즘 들어 부쩍 낯선 곳에 대한 호기심이 나를 가만두지 않는다. 나이 들어 몸은 허약해가건만 여행에 대한 욕심이 길 위를 서성이게 한다. 걷다가 쓰러져 인생의 마침표를 찍어도 좋은 심정이다.

이 세상에 소풍 와서 내가 가장 소중하게 여기는 책과 문화가 있는 곳에 온 것은 행운이었다. 조용하고 평화로운 고창 숲속에 아담한 도서관 "책이 있는 풍경"이 나를 기다리고 있었는지도 모른다. "책 풍" 촌장이 구비 해 놓은 책 3만여 권이 아늑한 공간으로 나를 초대했다. 책은 누구나 와서 읽을 수 있다지만 시골 마을에 독서가가 그리 많지 않아 유지가 어려워 보였다. 사람이 마음에 옷을 입으려면 책을 가까이해야 한다는 말을 귀에 딱지가 앉도록 들어 왔지만, 생활인들에게 독서는 신선놀음일지도 모른다.

과학이 급속히 발전하여 AI 탄생으로 인류의 문화를 바꿔 놓았다. 고여 있는 물은 썩어서 좋지 않을 수도 있지만, 환경이 바뀌면 다시 적응하느라 많은 시련이 따를 수 있다. 문화는 빠름과 느림의 적절한 조율이 필요하다.

미디어 문화가 발달하여 동영상에 노출되어 사는 사람들 대부분 책을 멀리하는 것 같다. 요즘 젊은 사람들은 종이책에서 정보와 지식을 얻는 것이 아니라 영상으로 욕구를 충족시키고 있다. 이번 수필의 날 심포지엄 내용은 종이책의 미래가 걱정된다는 것이었다. AI 발달로 사라지는 직업군에 작가도 포함되어있었다. 종이책과 함께 작가도 새로운 길을 찾아야 한다는 발표자의 말에 다가올 미래가 불안하게 느껴졌다.

　전자책은 전기를 끊으면 지워진다. 하지만 종이책은 언제 어디서나 손에 들고 읽을 수가 있다. 공원에 앉아 손에 책을 들고 먼 산을 바라보는 여인의 모습은 상상만 해도 아름답다.

　책의 촉감에는 그리움도 묻어 있다. 책을 선물 받은 그 날부터 문화인이 된 기분이 들기도 한다. 마음 깊은 곳에 오래도록 남아 있어 자라나는 자수정 같은 보석을 들여다보는 것 같다. 누르스름하게 빛바랜 책은 많은 옛이야기를 담고 있어 더 소중하게 느껴진다.

　종이책과 함께하는 우리의 미래가 아름다운 동행이기를 소원한다는 "책이 있는 풍경" 촌장의 힘찬 발언이 내 마음을 숙연하게 했다. 수필가로서 해야 할 일도 생각하게 했다. 사라져 가는 종이책을 붙잡을 수 없어 지체시키려고 노력을 하는 것은 우리 작가들의 할 일이다. 무조건 좋은 글을 쓰는 것이 우리의 몫이다. 종이책의 미래는 문자와 함께 우리가 만들어가는 세상이다. 희망을 잃지 말자.

심윤보 作

3

구름이 낀 듯도 하고 그렇지 않은 듯도 한

사소한 것들의 사소하지 않은 사연

한 시절 나는 이기적인 여행자로 살았다. 목적지를 정하지 않고 훌쩍 집을 나선다거나 친구 하나 없이 혼자서만 떠나는 것은 두려워서 하지 못했다. 꼼짝하지 않고 방에 갇혀서 음악을 들으며 책을 읽는 것은 몸에 새겨진 기억의 습관이다. 뜬금없이 내 안으로 떠났다가 홀연히 돌아오는 일이 잦아지며 나만의 세계에 도착하곤 했다.
 외로워서,
 슬퍼서,
 힘들어서,
 지루해서…… 떠났다. 현대적인 명제에 길들여진 현대

인으로서 여행자인 나는 목적이 중심이 된 여행을 하며 살았다. 그저 목적을 향해 갈 뿐이었다.

 문득 눈을 감으니 오하이오의 아름다운 언니네 집이 보이고 동그랗고 고운 콧날, 도톰한 입술의 아홉 살 적 언니 얼굴이 떠올랐다. 이른 봄에 핀 아기동백꽃 모습과 닮았었다. 이기적인 시선을 가진 내가 요즘 들어 빛바랜 사진을 보다가 꿈을 꾸기도 한다. 어릴 적 우리 자매는 유난히 마음을 나누는데 서툴렀다.

 한겨울 옷깃을 여미게 하는 찬바람에 마음마저 얼어붙을 것 같은 날씨에도 언니가 저녁 설거지를 할 때가 있었다. 엄마가 산후조리를 하고 계셨기 때문에 맏이인 언니의 손을 빌리곤 했다. 여섯 살인 나는 부엌일을 도울 몫이 못되어 혼자 놀기에 바빴다. 언니에게 마음을 기울이던 아버지께서 "현경아, 너도 나가서 언니를 도와야지"라고 주문을 하셨다. 밖으로 나가보니 칼바람이 지나가는 마당 수돗가에서 언니가 설거지하고 있었다. 나는 엉거주춤하게 서서 겨드랑이에 손을 넣고 관심 없이 쳐다보기만 했다. 모른 척하는 나의 행동에 언니 마음은 어땠을까. 한 뱃속에서 나온 자매도 관심을 기울이지 않으면 보이지 않고 들리지 않는 게 정이다.

　우리 자매는 사랑하는 마음을 키우기도 전에 언니가 꿈을 향해 아메리칸 드림을 선택했다. 언니가 왜 떠나야만 하는지 알지 못하는 나는 몇 날 며칠 눈이 통통 붓도록 울었다. 겉으로 자유로운 척했지만, 안으로 그리움을 키워 갔다. 자매간에 정답게 지내는 친구들을 보면 속주머니에 품고 있던 언니와 함께했던 시간을 떠올리곤 했다.

　언니는 공부를 마치고 의사가 되어 부모님 곁으로 돌아오지 않고 결혼을 했다. 언니에 대한 기억은 희미한 여운만 남기고 아득하게 멀어져갔다. 나도 유학이라는 강을 건너고 싶었으나 낯선 곳을 향한 두려움에 망설이다가 시간을 놓쳐버렸다. 겁쟁이인 나는 피앙세를 만나 부모님 곁을 떠났다. 우리 자매의 그리움은 어떻게 해도 품에 안을 수 없는 그림자였다. 이별은 만남을 전제하는 것이었을까.

　1973년 가을 나도 남편을 따라 뉴욕으로 이사를 했다. 우리 부부는 딸 넷과 아메리카의 넓은 땅에서 삶을 개척하기 위해 분주한 시간을 보냈다. 주거 환경이 우리나라와는 달라 아이가 둘 이상 있는 가족은 아파트 세를 얻기가 어려웠다. 나는 딸을 넷이나 둔 현실이 난감하기만 했다. 선행학습 없는 딸들이 영어로 공부하는 일도 큰 고민거리였다. 월급 받아 생활하는 것 빼고는 모두 맨땅에 헤딩하듯 필사적으로 살았다. 우리 여섯 식구는 어려운 지경을 대수롭지 않게 받아들이며 각자 위치에서 최선을 다해 적응해 나갔다. 힘들 때 그리운 것이 피붙이라서 그랬을까. 미국 어딘가에 살고 있을 언니가 생각났다.

1952년 미국으로 유학을 떠나 헤어진 언니가 보고 싶어서 무작정 오하이오를 향해 떠났다. 20년 만에 만난 우리 자매 대화는 그리운 만큼 간절했다. 언니 집은 이탈리아 건축가가 살려고 지은 아름다운 집이었다. 방이 7개로 방마다 색깔이 다 달랐다. 언니는 남매만 두어서 집이 너무 커 쓸쓸할 것 같았다. 욕심처럼 아이들도 온갖 정성을 들여서 키워 미국 아이들에게 뒤지지 않게 길렀다. 사촌이 피아노 독주를 하며 리틀 야구 선수로 활동하는 것을 본 우리 딸들이 부러워했다. 언니가 의사이니 경제적으로 풍족한 듯했다.

순박한 기억들의 퍼즐을 맞추며 서로 드나들던 중 언니가 도움을 요청했다. 궁전 같은 집을 구매했는데 돈이 부족하여 은행 대출을 받으려니 어렵다고 했다. 은행 뉴욕 지점에 근무하던 남편이 보증을 서고 대출을 성사시켰다. 언니에게 큰 도움이었을 것 같았다. 시간 가는 줄 모르고 수다를 떨던 우리 자매가 정을 쌓기도 전에 남편이 서울로 발령을 받아서 한 달 안에 귀국해야만 했다. 남편은 귀국하기 전 책임진 언니 대출금을 마무리해야 했다. 언니는 은행원 입장을 잘 모르는지 차일피일 미루었다. 형편이 궁했던지 언니는 남편 몰래 내게도 돈을 빌려 갔다. 언니의 사정을 모르는 것은 아니었지만 서울로 가야 하니 빌려준 돈을 갚아달라고 사정했다.

"너는 무슨 돈이 그렇게 필요하니, 어련히 갚을까 봐!" 하며 오히려 얼굴을 붉혔다. 난 그때 아이들이 많아서 여윳돈이 필요했다. 언니에게 빌려준 돈은 생활비를 아끼고 아이들 요구를 들어주지 못하며 절약하고 또 절약하여 모은 돈이었다.

우리 부부는 언니의 금전 요구에 동양적인 정서로 배려하는 마음에 빌려주었는데 여유가 있는 것으로 오해한 것 같았다. 나는 재촉을 했고 언니는 미적거리며 여유를 부렸다. 언니와 나는 헤어지는 마당에 "그리움"이 "미움"으로 변해 갔다. 언니를 그리워하며 애달팠던 청춘 시절을 잃어버릴까 봐 속상하고 안타까웠다. 언니는 전문 직업인으로 부유한 생활을 했고 나는 봉급쟁이 생활로 아끼는 것이 몸에 밴 주부로 살던 터였다.

1977년 귀국 후 세월이 많이 흘렀다. 마음의 앙금도 혈육의 정은 갈라놓지 못했다. 부둥켜안고 깔깔거리는 정은 없어도 가끔 안부를 주고받는다. 몇 달 전 형부를 하늘나라로 떠나보내고 언니는 슬픔을 주체하지 못하는 듯했다. 전화할 때마다 너무나 외롭다고 형제들에게 푸념을 늘어놓았다. 육 남매 중 언니만 미국에 살고 있어서 적적했을지도 모른다. 형부가 편찮으실 때 꼭 가 뵙고 싶어 준비 중에 코로나 예방 주사 후유증으로 치통이 와서 가지 못했다. 나도 남편을 보내고 마음을 붙일 곳이 없어서 방황하던 터라 언니가 가여워서 눈물샘이 터졌다.

서로 마음을 닫고 산 세월을 후회해도 소용없는 일 아닌가. "그때 왜 그랬을까. 그까짓 돈이 무엇이라고 자매의 정 바스러지게 빚쟁이 다그치듯 했을까." 혼자 묻고 대답한다. 천장 위로 내 한숨이 퍼져 나가며 메아리가 된다.

돈은 쓸 만큼만 있으면 되는 것 아닌가. 금전 문제로 언니하고 아웅다웅했던 시간이 부끄러워 삭제해버리고 싶다. 세상과 삶을 향한 나의 관심과 시선이 아직은 따스한가 보다. 자꾸만 어려움을 겪는 곳에 눈길이 간다. 짧은 생을 습관처럼 살지 않는 들꽃을 보며 나를 위한 여행을 하고 있다.

늦게 피는 꽃

 동백꽃 봉오리에 나비 한 마리가 앉았다.
 연둣빛 잎 새 사이 햇살이 가득한 날 한적한 숲속에서 혼자라는 쓸쓸함과 마주 앉아 있었다. 여백이 있는 시간에 어디선가 날아든 나비춤에 눈길이 머물렀다. 나비는 무엇을 찾아 이 고요 속을 기웃거릴까. 높은 산을 넘기 위해 얼마나 많은 날갯짓을 했을까. 이 꽃 저 꽃으로 옮겨 다니다 내 마음속으로 날아든 나비는 설렘이었다.
 나의 청춘시대는 동백 꽃잎처럼 선명하지두 향기롭지도 않았지만, 나비가 내 곁을 빙빙 돌았다. 어찌 된 영문인지 나도 모르는 사이, 나는 나비를 따라 인생이라는 험난한 여행길에 올랐다. 기후와 환경변화에 민감한 나비는 한 생을 아름답게 수놓고 내 품에서 날개를 접었다.

나비가 홀연히 떠나가고 멍하니 허공을 바라보던 어느 봄날 신기루처럼 마음속에 굴절되는 것이 있었다. 가까이 가면 보이지 않고 멀리서 보면 아른거리는 것은 문자였다. 새 친구, 글쓰기는 나를 들었다 놓았다 종잡을 수가 없었다. 가까이하기에는 너무 먼 당신이었지만 소홀히 할 수 없는 인연이 되었다.

나비와 꽃의 인연으로 만나 인생이라는 진지한 약속을 지킨 우리는 네 명의 딸과 오두막집을 궁궐로 여기며 살았다. 작은 봉급으로 살뜰히 사느라 아이들 도시락 반찬에 신경 쓰지 못한 것이 지금도 미안하다. 시모님 받들랴, 남편 눈치 보랴, 마음 졸이던 동백꽃 시절 나에게 꿈이란 사치에 가까웠다.

미국으로 유학 가서 인테리어 디자인을 공부하는 것이 나의 꿈이었다. 허상에 가까운 꿈이었지만 버릴 수가 없었다. 앙다문 동백꽃 속에 노란 수술들이 가지런하게 놓여 있는 것처럼 가정을 아름답게 가꾸는 것에 만 온 힘을 기울였다. 옛이야기가 되어버린 지금에서야 나는 주머니에 넣어두었던 꿈을 꺼내 보고 있다. 온전히 나만의 시간을 즐길 수 있는 자유가 어디든 데려다주어서 호기심을 자극하고 있다. 나의 호기심을 들켜버렸던 것일까.

나비는 살아생전 동백꽃이 피면 나를 사진에 담곤 했다. 산다화, 애기동백꽃이 빨간 이파리를 나무 밑에 떨어트리면 레드 카펫를 깔아 놓은 것 같았다. 인생을 야금야금 갉아 먹은 것 같은데 벌써 85라는 숫자가 눈앞에 서 있다. 나이는 추억과 정서 교환이 잘 되는 것 아닌가 싶다. 가슴에 담아 둔 추억들은 시간이 지나도 어제 일처럼 선명하다.

내가 초등학교 3학년쯤 되었을 때다. "진달래"라는 동시를 써서 교육청장 상을 받았다. 어쩌면 그것이 나의 글쓰기의 도화선이 된 셈이다. 백세시대 꿈이라면 명수필 한 편 남기고 싶은 것이다.

겨울 막바지에 피는 동백꽃은 늦게 피는 꽃이라 더 귀하다. 나의 글쓰기도 쉽게 꽃을 피우지 못하고 더디지만 내 인생의 꽃이 될 것이다. 언제까지 피어있을지 모를 문학의 꽃 앞에서 나는 최선을 다해 붉게 피는 동백꽃이고 싶다. 봄날이었던 시간을 돌아보니 마음이 편치 않다. 이 세상과 이별을 하기 전에 누군가에게 향기로 남고 싶은 것은 지나친 욕망일까. 글이라면 만인에게 읽혀 사람 냄새를 전달할 수 있을 것 같아 용기를 내 오늘도 쓴다.

  늦게 피는 꽃이 향기가 더 진하다. 나비가 되어 내게 다가왔던 그가 간절하게 원했던 수필등단도 이루었고 수필집도 출간했다. 나의 마지막 꿈은 글 속에서 그를 만나는 것이다.

이삿날 아침 봄비

비는 습관처럼 내린다. 계절이 바뀔 때마다 침묵하는 자연을 깨운다. 숨소리 하나 내지 않고 멈춰 있는 나무들을 봄비가 살아있냐고 묻는 듯하다. 지난 밤바람을 타고 내려와 세상 만물을 소리 없이 적시고 갔나 보다. 집 앞 화단의 나무들과 일찍 물이 오른 꽃잎들에 생기가 돈다.

보슬비로 목을 축인 영산홍 초록 잎이 선명하다. 진홍 꽃봉오리도 얄궂도록 싱싱해 보인다. 회색 건물들로 우중충하던 동네 길도 빨강과 초록 불을 밝힌 듯 화사하다. 오늘은 우리 동네에 장이 서는 날이다. 한 손에는 장 보따리, 어깨로는 우산을 지탱하고 휴대폰에 꽃을 담느라 비를 맞으면서도 단비 느낌이 좋았다.

깨어나는 생명으로 가득한 봄이 와도 비를 만나야 생기가 돌아 꽃을 피운다. 봄과 비의 궁합은 어느 계절보다 잘 맞다. 혹독한 겨울을 지내며 인내했을지라도 봄비를 만나지 못하면 꽃은 세상에 녹아들 수가 없다.

봄과 비는 떨어져서 살 수 없는 천생연분이다. 영산홍은 요란스러운 처녀처럼 호들갑스러워서 싫어했다. 그러나 회색 도시를 화려함으로 변화시키려면 영산홍만 한 것이 없다. 계절은 모든 희망과 소망을 기립시킬 만한 간절함과 애틋함도 지니고 있다. 알맞은 시기에 꽃이 피어야 열매를 맺고 씨를 남긴다. 세상을 따스하게 안는 봄의 몸짓으로 나의 시간을 포옹하고 있다.

내가 지금 살고 있는 집에는 방이 다섯 개 있다. 한참 식구가 많을 때는 작다는 느낌이 들었다. 지금 혼자 살면서 대궐 같아 적막하기까지 하다. 이 방에서 말을 하면 저 방에서 메아리가 대답할 것 같다.

가끔은 사람의 온기로 채워지기도 한다. 동네 주변에 학원이 많이 있어 가끔 손주들이 와서 자고 공부하러 간다. 아이들이 모두 보금자리를 찾아 떠난 지금, 손주들이라도 드나들면 집안에 익숙한 따스함과 채취로 채워져 행복하다. 봄비가 내려 입이 궁금한 참에 손주들이 학원에서 집으로 가지 않고 손에 무엇인가 들고 왔다.

"할머니 좋아하시는 초콜릿 사 왔어요, 붕어빵도 잡수세요,"한다. 딸을 넷 키워 남의 가문에 시집을 보냈지만 난 참 남는 장사를 한 것 같다. 손자가 입대해서 집안에 썰렁한 기운이 도는가 싶더니 손녀가 입시 학원 다닌다고 가끔 와서 자고 간다. 아이들이 들랑날랑해서 혼자 지내는 날이 별로 없다.

온기가 가까이 느껴져 아이들과 말을 하고 싶지만, 불편을 줄까 봐 적당한 마음의 거리를 두고 있다. 이기주의라고 볼 수도 있지만 서로 섬으로 인정하며 드나드는 것도 아름다운 관계가 되는 것 같다. 손주들이 예쁘게 굴면 나는 지갑을 자주 여닫는다. 그때마다 감정을 교환하는 내가 사는 방법을 가끔 친구들에게 전수하기도 한다.

단비가 내리는 오늘 손녀가 잠시 머물려고 내게 이사를 온다. 어려운 시험공부를 하는 손녀가 학원하고 가까운 할머니 집에서 다니면 거리에서 보내는 시간이 단축된다고 결정한 것이다. 나는 이번 기회에 손녀 덕분에 잡동사니를 많이 정리했다. 수시로 정리를 해도 구석구석에 숨겨놓은 것이 고개를 내밀었다. 괜찮은 것이라도 없애면 아쉬울 것 같아서, 또는 추억이 어린것이라는 구실로 쌓아둔 것들이 오래된 먼지를 뒤집어쓰고 빨리 정리해 달라고 시위를 하는 것 같았다.

내가 생활할 공간은 가끔 음악 감상하는 카페 방과 컴퓨터로 글 쓰고 잠자는 방, 둘이면 충분하다. 두 개 방에서 행복하게 지내니 더 큰 집이 필요하지 않다. 손주들이 저희끼리 모여서 웃고 놀다 가라고 콘도에 간 셈 치고 방을 다 내주었다.

손주들이 미래에 책임 있는 삶을 살고자 열심히 공부하는 모습을 보면 대견하다. 오늘 손녀 다영이 침대가 배달되는 날이다. "엄마 비가 와요. 침대가 들어오는 날인데 비가 와서 안 좋은가요?" 하며 손녀는 웃음 반 걱정 반이더란다. 어리지만 자신의 삶을 잘 가꾸고 싶다는 말인 것 같았다. 제 엄마는 "비가 오면 잘 산단다. 걱정하지 말아라"라고 하며 깔깔 웃었다고 했다. 열심히 사는 사람들일수록 장래에 대한 염려로 가득한 것 같다.

내리는 봄비를 보며 만물의 생명수가 나의 손주들에게도 지혜의 비로 내리기를 빌어보았다. 이삿날 내린 봄비는 우리 손녀가 이제 곧 비상할 것이라는 신호처럼 느껴졌다. 손녀가 어려운 공부를 이겨내고 단비에 젖은 꽃봉오리를 보면서 오늘을 기억할 것이라고 최면을 걸어본다.

  내 마음에 내리는 봄비의 고마움을 손녀와 나눌 시간이 얼마나 남았을까. 봄비 속에 감춰져 있는 눈 시린 푸른 하늘을 딸과 나, 손녀 우리 삼대가 그려 넣고 있었다.

구름이 낀 듯도 하고 그렇지 않은 듯도 한

 올여름 유난한 더위를 참지 못해 내 입에 덥다는 말이 붙었다. 이 나이를 먹도록 더위로부터 자유로웠는데 늘어난 체중 때문인가보다. 에어컨이 없다면 어떻게 견뎌낼까 싶다. 인공지능이 주는 선선한 바람 아래 독서삼매경에 빠질 수 있는 것은 특별한 호사다.
 장마철 따분함을 잊으려고 책과 씨름하는데 "기절초풍"이라는 유튜브 영상이 왔다. 덩치가 큰 소가 제 발바닥만 한 고양이가 뛰는 것을 보더니 화들짝 놀라 나뒹구는 것 아닌가. 작은 일에도 놀라는 나를 보는 것 같았다. 우푼 동영상에 내 가슴이 쿵! 내려앉았다.
 며칠 전, 알량한 자존심이 상해서 속앓이를 했다. 지인의 속사정을 알고 안타까운 마음에 도움이 될까 해서 친구에게 지나가는 말을 한 것이 잘못이었다. 상대방 정서에 맞지 않는 나의 한마디가 오지랖이 넓은 사람으로 만든 것이다. 친구는 내 뜻과 전혀 다른 해석을 하며 나의 말이 적절치 않았다고 지적했다. 친구들과 헤어져 집에 돌아와서도 괘씸하고 분해서 밤을 새웠다.

한밤중에 아무리 돌아보아도 쓰디쓴 마음을 나눌 사람이 없었다. 젊은 날, 부부 싸움한 후에 누구한테 알려질까 봐 부끄러워 집 밖으로 나가지 못했다. 무엇이든 덮으며 살았던 옛날 일이 생각났다. 나이가 들어도 철이 덜 들었나 보다. 복닥거리는 마음을 어찌할 수 없어 추적추적 내리는 빗길을 걸어 예술의전당 모차르트 카페에 갔다. 마음이 혼란스러울 때 자주 들르는 예술의 전당 뜰은 나의 안식처 같은 곳이다. 회색빛 하늘 아래 빨강 파랑 우산을 받쳐 든 젊은 남녀의 모습이 낭만적이다.

나는 카페에 자리를 잡고 먹지도 않을 음식을 두 가지나 주문했다. 시니어의 특권이라고 할까. 요즘 배포가 커졌다. 먹거리, 커피에 돈을 아끼지 않는다. 남들이 내 주머니가 두둑하다고 여기는 것은 아닐까. 젊은 날 내 별명은

'아끼여사'이었다. 딸아이가 지어준 별명이다. 지금은 아이들 모두 "어머니 그만 아끼세요"라고 주문을 한다.

"어머니 어디 계세요?" 안부를 묻는 딸애한테 산책 나왔다고 하니 비 오는 날 위험하다며 데리러 오겠단다. 상처받고 괴로워하는 내 심정을 아는 딸아이가 "엄마 그러지 마세요. 드라이브 가서 마음 풀어요." 한다. 뒤틀린 심사가 좀체 풀리지 않을 것 같았는데 다정한 딸아이 말 한마디에 분노가 눈 녹듯 녹아내렸다. 식욕은 없지만, 저녁밥을 손자가 사준다니 기분을 내야 했다. 가족들 관심을 끌려면 가끔 심술도 부릴만하다.

폭풍에 흔들린 나무는 바람에 실려 오는 햇볕을 기다릴 것이고 내 상처는 자손의 위로로 쉽게 평온을 되찾았다.

소띠인 내가 작은 고양이가 폴짝거리는 모습에 놀라 자빠지는 겁쟁이 소가 된 느낌에 혼자 실소를 했다. 나이가 주는 어른다움을 지닌다는 것은 쉬운 일이 아니다. 언제쯤 나잇값을 할 수 있을까.

빗방울 소나타

 내 마음속에 가지 많은 나무가 한 그루 서 있다. 육중한 몸에 비해 작은 비바람에도 휘청거린다. 꺾이지 않으려고 애쓰는 나뭇잎에 빗물이 매달려 있다.
 며칠 전, 가깝게 지내는 지인이 어려운 처지에 놓여 있다고 했다. 그녀에게는 하늘 아래 혈육인 단 하나 아들뿐이다. 그 아들은 외국에서 산다. 나는 안타까운 마음에 돕고 싶은 심정을 한 친구와 상의를 했다. 그녀는 자기 마음대로 해석하여 나의 진정 어린 마음에 먹칠했다. 나의 친절을 와해시켜 마치 친구를 힘들게 하는 사람으로 만들어 버렸다. 다행히도 어려운 일을 당한 친구에게는 전해지지 않았다. 나는 괴로운 마음을 가라앉히느라 밤잠을 설치며

애를 썼다. 사람은 다양한 마음을 지니고 있어서 어느 그릇에 담기느냐에 따라 그 부피가 다르다. 좁아터진 소견으로 커다란 뜻 알아차릴 수 없듯이 사람 사이에 마음 읽기와 가치관을 나눌 수 있는 사람은 그리 많지 않다. 나는 누구든지 내 기분을 조금만 건드리면 한바탕 쏘아붙일 듯 예민해졌다.

비 오는 날이면 어김없이 떠오르는 옛이야기가 생각난다. 남편은 다정한 사람이지만 바깥일을 내게 말하지 않는 성격이었다. 남편 동료 부인들이 직장에서 가는 봄놀이에 아이들 입을 옷 쇼핑하러 간단다. 남편은 직장에서 총무였다. 다들 아는 소식을 나만 모르고 있어 머리끝까지 예민해졌다. 아무리 생각을 고치려고 해도 남편을 이해할 수 없어서 토라진 마음에 무작정 집을 나섰다. 집을 잃은 집시처럼 떠도는 마음을 부슬부슬 비가 내리며 다독여주었다. 그날 밤 내리는 비는 내 옷을 적시는 것이 아니라 마음을 적셨다. 지금도 그날 밤 내 마음속 전쟁은 잊히지 않는 전설이 되었다.

비가 오면 세상이 다르게 보인다. 빗방울은 나뭇잎, 꽃잎에 생명수를 뿌려준다. 나는 그 광경을 바라보는 것이 그렇게 좋을 수가 없다. 요즘은 온몸으로 비를 맞으며 빗속을 거닐 수 없지만, 가끔 그러고 싶을 때가 있다. 그렇지만 마음뿐이다. 지난해 온 세상이 초록으로 물든 여름 우산을 받쳐 들고 인적이 없는 초록 숲속으로 간 적이 있다. 내가 가끔 가는 용산 가족 공원이다.

  나는 마음속에 분노가 일 때 삭히려고 가는 곳이 있다. 집에 앉아 있지도 서 있지도 못해 분한 마음을 달랠 겸 예술의 전당으로 향했다. 그곳은 나의 기분을 다독여주는 놀이터다. 젊은 날은 추적추적 비 오는 거리를 하염없이 걷는 것을 좋아했지만 그날은 달랐다. 사람에 대한 깊은 실망은 나를 우울하게 한다. 석촌호수 카페에 자리를 잡고 앉아 있으려니 기분이 묘했다. 혼자 허세를 부려 보는 내가 연기자 같다. 혼자 다 먹지도 못할 음식을 두 가지나 주문했다. 허우룩한 마음을 누가 알아챌까 봐 홀로 문화를 즐기러 온 척했다. 가끔 산책하러 갔지만 스산한 마음으로 혼자 가기는 처음이었다.

  일상에서 나는 맛있는 음식을 먹는 시간이 제일 행복하다. 오색의 예쁜 채소 샐러드가 나를 향해 방긋 웃었다. 딸아이들이 번갈아 카톡을 보냈다. "비가 쏟아지는 날 혼자 어디에 계시느냐, 엄마 좋아하는 빗속 드라이브 모시겠다." 아이들은 나를 가출한 노인쯤으로 생각하며 걱정이 태산이었다. 지금까지 아이들에게 마음 상한 일로 걱정을 하게 한 적이 없으니 애들도 당황한 모양이다. 항상 밝게 살며 눈물을 보이지 않는 나를 무골호인인 줄 알았나 보다.

"까똑 까똑" "할머니~ 오늘 저녁에 흑돈 사 드릴게요." 맛있는 식사를 대접하겠다는 말을 듣는 순간 전율이 엄습했다. 내 마음의 호수에 손자가 일으킨 잔잔한 윤슬이 이는 느낌이었다. 손자의 저녁 초대 카톡에 옛날 남편의 다정했던 모습이 오버랩되어 울컥했다.

언젠가 내가 성질을 부리며 비 오는 거리로 나섰던 날, 남편은 내 뒤를 졸졸 따라오면서 우산을 받쳐 주었다. 비 설거지 하던 젊은 날이 감동으로 밀려왔다. 나는 비 오는 날이 좋다. 남편과 추억으로 물든 시간을 불러오는 빗방울이 좋다. 나는 세미원에서 담은 빗방울 연꽃 사진을 손자에게 보냈다. 내 빗방울 마음을 닮은 연꽃을 손자는 알아봤을까.

별 하나 별 둘

가을밤 하늘을 은하수가 수놓고 나를 초대하는 듯하다. 저 수 많은 별 중에서 나와 닮은 별이 있을까. 별 하나가 나를 행해 유난이 반짝인다. 몸 따로 정신 따로 노는 나이 지만 별을 동경하는 마음은 여전하다. 밤길에서 요즘은 별친구를 자주 만난다. 주치의에게 걸을 수 있을 때까지 걸어야 산다는 말을 듣고 나는 말 잘 듣는 환자가 되었다.

나는 여고 시절부터 75년간 죽마고우로 지낸 친구 하나가 있다. 그녀는 우아한 얼굴, 선량한 마음을 지닌 우등생이었고 가정도 매우 부유했다. 흠이라면 부족한 것이 없는 환경인 친구였다. 수업 시간이 끝나기 무섭게 우리는 교내 매점으로 달려가서 과자를 사 먹곤 했다. 그렇게 자매의 우정을 나누던 그녀는 졸업 후 미국 유학을 떠났다. 그녀가 떠난 후 나는 한동안 허전했다. 일 년 후 친구는 내가 다니는 이화여대 영문과로 편입을 해왔다. 헤어질 수 없는 인연은 다시 만나게 되는 모양이다. 그 시절 우리는 새로운 인생을 꿈꾸며 공부에 매진했다. 여덟 명이 똘똘 뭉쳐서 도서관에 드나들며 젊음을 즐겼다. 가끔은 책을 내려놓고 여행도 다녔다. 우리는 단단해진 우정으로 결혼한 후에도 매달 두 번씩 만나서 수다방을 열었다. 함께 수놓은 우정은 각자의 사랑을 만나 가정을 이루어 빛이 바래졌지만, 마음은 늘 어깨동무를 하며 살았다

  70여 년을 함께 지내오는 동안 한 번도 마음 상하거나 언짢은 언동을 견뎌야 하는 상황이 없었다면 누가 믿을까. '호박은 떡잎부터 좋아야 한다'라는 속담이 생각난다. 우리 친구들의 삶은 어느 한 사람도 평탄하지 않았다. 역경을 잘 견뎌내며 마음들이 둥그러졌기 때문일까. 우리는 삶의 우여곡절이 흔들어 놓을 때면 만난다. 한걸음에 달려가 두 손을 꼭 잡고 위로를 아끼지 않았다.

  지나고 보니 엊그제 같은 수많은 세월이 흘렀다. 푸르던 나무가 누렇게 물들 듯 우리 얼굴에도, 손에도 검버섯

이 피었다. 어느새 머리에도 하얀 눈발이 쌓였다. 우리는 얼굴의 검버섯을 보며 서로 "꽃보다 곱네" 하며 용기를 준다. 친구들을 만나면 얼굴에 화색이 돌고 행복 열차를 탄 듯 즐겁다.

몇 달 전, 천사보다 더 선한 친구가 몹시 아프다는 소식을 전해왔다. 고개를 가누지 못하는 지경이어서 찾아가 위로를 했다. 할 말을 잃은 나는 내 오카리나 연주를 들려주고 싶었다. 내가 친구에게 연주 영상을 보여주었다. 친구는 어눌한 말투로 "현경아 고맙다"라고 가느다란 말로, 눈짓으로 답을 했다. 그 모습이 너무나 슬퍼서 눈물을 참느라 힘들었다.

2023년 9월, 자매보다 가까운 친구 둘이 하늘의 별이 되었다. 부모님이 이승을 떠나셨을 때는 철이 없어 그렇게 슬픈 줄 몰랐다. 한창 아이들 키우느라 정신을 차리지 못한 탓이리라.

친구가 하늘의 별이 되었다는 소식에 슬픔을 이기지 못해 흐느꼈다. 정든 님이 떠나도 이렇게 슬플까. 나는 동병상련의 아픔을 느꼈다. 마지막 길에 친구는 나의 오카리나 연주 '소양강 처녀'를 듣고 엷은 미소를 띠면서 고개까지 끄덕였다. 지금도 그녀의 모습이 눈에 선하다. 밤하늘 반짝이는 별 하나가 내 눈앞에서 사라지지 않는다. 한가위 보름달을 보며 친구 자영에게 눈물 없는 편지를 쓴다.

아버지의 마지막 부탁

　장지리 할아버지 댁 동네 어귀에는 단청한 효자문이 있다. 효자문은 효자가 효도를 각별히 할 때 나라에서 내렸던 기념비다. 겉은 정자처럼 생겼으며 사람들 눈에 잘 띄는 곳에 세웠다. 그것을 보고 그 지역에 효자 났다는 것을 알 수 있었다.
　장지리는 밀양 박씨 집성촌이었다. 어린 시절 일제강점기에는 쌀이 귀했다. 어머니는 동생을 등에 업고 여섯 살 난 내 손을 잡고 시골 할아버지 댁으로 쌀을 얻으러 가곤 했다. 오산역에서 장지리까지 십여 리 길은 종종대는 어린 나에게 멀고 지루했다. 아기를 업고 힘든 엄마를 생각해 말도 못 하고 터덜터덜 걷노라면 지쳐서 졸음이 오기도 했다. 덜컥거리는 소달구지 소리가 들리는 듯해서 귀를 열고 뒤를 돌아보곤 했다. 그때마다 도롯가에 서 있는 나무들이 조금만 견디라고 응원하는 것 같았다. 소달구지를 타고 먼지를 뒤집어쓴 채 집으로 돌아가는 농부가 기다려지곤 했다. 운 좋게 들일을 끝내고 돌아가는 농부를 만나는 것은 행운이었다. 비포장도로로 가는 달구지에 올라타면 흔들거려 롤러코스터를 탄 기분이었다.

한낮 땡볕을 걷는 시골길은 아름다웠다. 오른쪽 길섶에는 풀꽃이 하늘거리고 왼쪽 길 안 동네에서는 밥 짓는 저녁연기가 피어올라 평화로운 풍경이었다. 한길 가에는 포플러나무가 하늘을 향해 쭉 뻗어 있었다. 지금 생각하면 고흐가 즐겨 그린 사이프러스 같았다.

할아버지는 농사꾼으로 부농을 이루셨다. 할아버지 덕으로 아버지는 일찍이 서울로 유학을 했다. 할아버지는 하얀 두루마기를 갖춰 입고 자주 아들을 보러 서울에 오시곤 하셨다. 가을에 추수해서 쌀을 판 돈을 아들네 생활비로 보내주시던 할아버지는 우리에게 장학금을 주신 것이다. 할아버지 도움으로 우리 육 남매는 교육비 신경을 안 쓰고 공부를 할 수 있었다. 할아버지의 자손들을 위한 깊은 마음을 나는 얼마나 헤아리며 살았는가.

　나는 정다운 할아버지가 좋았다. 깡마른 체구에 자글자글 주름진 작은 얼굴로 씨익 웃는 표정은 언제나 나의 마음의 고향이었다. 할아버지가 회현동 우리 집에 오실 때면 늘 쌀가마니도 따라왔다. 한해살이를 할 수 있도록 여러 가지 곡식도 함께 따라왔다. 그럴 때면 할아버지 웃음으로 집안 분위기가 화기애애해졌다. 서울에 오신 할아버지께 아버지는 고급 일식 스끼야끼를 대접해드리면 입맛에 안 맞아, 하셨다. 맛있게 잡수셨냐고 내가 물으면 하회탈처럼 웃으시며 "나는 된장찌개가 좋아"라고 하셨다. 아버지는 할아버지가 서울에 오시면 귀한 손님을 대접하듯 마음을 썼다. 아마도 직장에서 승진에 신경 쓰느라 할아버지 뵈러 시골에 자주 내려가지 못하는 미안함을 그렇게 표현하는 것 같았다.

　입춘이 하루 지난 오늘, 겨울비가 하얀 눈으로 변하더니 온 세상을 하얀 도화지로 만들었다. 겨울이 오는 봄을 시샘하는 듯하다. 창밖을 바라보다 눈발 사이로 하얀 두루마기 입은 할아버지가 웃고 계신 것 아닌가. 문득 장지리 효자문 뒷산에 잘생긴 소나무가 생각났다. 그 나무는

아버지가 어린 시절에 뛰놀던 언덕을 지금도 지키고 있
다. 할아버지도 아버지도 모두 떠났지만, 장지리 소나무
를 보면 나는 옛 시절로 돌아가 추억 속에 잠기곤 한다.
 일 년에 두 번 친정 부모님을 뵈러 장지리에 성묘 간다.
신작로를 따라가다가 효자문이 보이면 다 왔네 하고 문안
인사를 한다. 언제부턴가 정겨운 시골 모습은 점점 사라
지고 어설픈 도시로 변해 건물이 들어서 흉하다. 그나마
부모님이 누워 계신 묘 주변에는 푸르른 나무가 둘러싸
숲을 이루고 있다.
 성묘하고 앉아 있으면 부모님과 함께했던 시간이 오버
랩된다. 아버지는 할아버지를 자주 찾아뵙지 못하는 대신
할아버지 부탁이라면 꼭 들어주시려고 노력하셨다. 그중
할아버지가 가장 많이 주문하신 것은 시골 친척들의 취직
부탁이었다. 지금도 할아버지는 집안의 큰 어른으로 기억
되고 있다. 나는 할아버지의 노년을 함께 하지 못해서 늘
아쉬웠다. 외국에서 산다는 핑계로 용돈을 드릴 기회도
없었다. 이 세상 소풍 끝내고 가실 때도 뵙지 못했다. 나
는 효손이 되지 못해 늘 빚진 느낌으로 살았다.
 나는 미국 생활을 마치고 귀국했을 때 딸아이들의 한국

공부 공백을 메꾸느라 정신없이 지냈다. 내 앞가림하느라 친정 부모에게 관심을 가질 겨를이 없기는 아버지가 할아버지에게 관심을 두지 못한 것과 같았다. 아버지 인생 말년에 십이지장 궤양으로 수술하실 때도 용돈을 드리지 못해 지금도 후회하며 산다.

지난해 고창에서 열린 수필 세미나에 참석했었다. 하룻밤 묵은 호텔 창밖 천정에 멋진 제비집이 있었다. 어미 새는 먹거리를 물고 열심히 제집에 들락거렸다. 아기새 먹거리를 찾아다니는 어미 새는 새벽부터 분주했다.

부지런한 새를 보고 문득 할아버지 생각에 눈시울이 붉어졌다. 까맣게 그은 얼굴에 활짝 웃으시는 할아버지가 글을 쓰고 있는 나를 응원해 주시고 있다는 생각이 마음 깊이 몰려왔다.

겨울 하늘은 파랗고 따스하다. 나는 고독이 찾아오는 외로운 밤이면 내 허물을 알아채는 습성이 있다. 그때마다 글 한 편 써보고 싶어 펜을 든다. 아버지의 마지막 부탁이 생생한 목소리로 들린다. 병석에서 "장지리 소나무 향이 맡고 싶다"라고 하시던 아버지를 만나러 내일 장지리로 길을 내야겠다.

휘청이는 마음을 다잡는 시간

 어둠을 벗어던지고 외출하는 봄날 아침이다.
 친구 셋이 여섯 달 만의 만남을 갖는다. 모두 돌아가며 건강이 시원치 않아 밥 한번 먹자는 약속도 지키기 어렵다. 한 달 만의 외출에 설렌다. 서로의 안부를 묻는 얼굴에 앉은 잔주름보다 하얀 눈을 덮어쓴 머리카락이 더 정겹게 보인다.
 꽃 잔치로 술렁이는 사람들 사이에 솟구치는 감정이 나에게도 배어들 것 같은 오월이다. 눅눅한 마음에 그리움이 맺혔다 사라진다. 곧 연둣빛 세상에 희망의 물이 오르면 모두가 짙푸르러 가겠지. 그 사이에 과일이 익어 가고 나의 계절도 태양을 좇아 성숙해 가면 흩날리는 눈발이 외출을 막을 것이다. 억눌려 있던 감정이 터져 나오는 듯한 오월이다. 그래서 오월은 사람들 마음을 섬세하게 조율하는 것 같다.

어제는 딸들과 손주들과 어버이날 가족사랑 잔치를 했다. 오랜만에 갖는 모임이라 조선호텔 뷔페에서 만나 마음을 나누는데 손녀 다영이가 변호사 시험에 합격하여 모두의 축하를 받았다. 창밖으로 이어진 초록 잔치가 아이들 웃음 속에도 번졌다. 행복이란 마음을 한곳에 두고 서로를 바라보는 것이리라.

"엄마와 맛있는 음식을 먹으니 기분이 좋아요. 옷은 곱게 입고 오셨는데 많이 안 잡수시니 걱정돼요"하는 딸의 말에 나는 울먹였다. 요즘 들어 건강이 좋지 않아 고생하는 엄마가 안쓰러워 보였나 보다. 이제 아이들이 나의 보호자가 되어 가고 있다. 때로는 자녀들에게 보호받고 싶은 생각이 드는 요즘 나의 삶이 헐거워져 가는 느낌이다. 아직은 모든 것을 나 스스로 해결하며 아이들을 의지하고 싶은 생각은 없지만, 예전과 다른 일상의 리듬에 자꾸 불안하다.

인생이란 긴 터널을 무사히 통과하고 팔순의 고개를 넘

어선 지금의 삶을 기쁨과 감사함으로 여기며 무료함에서 벗어나곤 한다. 고독한 마음은 얼마든지 다스릴 수가 있는데 느닷없이 달려드는 통증에는 어쩔 도리가 없다. 떼굴떼굴 바닥을 뒹굴며 비명을 지른다. 어머니 자궁에서 방금 나온 아기처럼 온 힘을 다해 운다. 아직 인생이라는 무대에서 연기해야 할 것들이 남아 있지 않은가. 화가 나고 슬프다.

 의술에 맡겨도 그치지 않는 고통에 어느 날 주저앉을지도 모른다. 나는 점점 보이는 것 너머에 보이지 않는 세계 밖의 햇살을 상상하며 걸어가고 있다.

 어젯밤에도 어둡고 긴 터널을 통과하고 아무렇지 않은 아침 햇살과 마주하고 앉았다. 오락가락하는 나를 다잡으며 내 손때 묻은 책과 악보와 인연도 이제 정리해야겠다는 생각을 한다. 세월 속에서 흩어진 것들을 헤아려보는데 문우들의 안부 전화가 건조한 내 마음을 일으켜 세운다.

 창문을 활짝 열고 한 달여간 누워 지내던 회색빛 방안에 햇살을 들여놓았다. 새들의 노래가 시소 타는 내 마음에 따뜻한 감정을 풀어 넣는다. 오늘은 아름다운 옷으로 치장하기보다 웃는 얼굴로 김 선생님을 만나러 가야겠다.

서쪽 하늘을 붉게 물들이며 기울어가는 저녁나절 집으로 돌아오는 길에 아파트 사이로 날갯짓하며 줄지어 날아가는 새들을 보았다. 멀어져 가는 새들을 응시하는 내 눈에는 내가 옮겨가야 할 세계와 맞닿아 있었다.

심윤보 作

4

아랫녘에서 만난 페르소나

아랫녘에서 만난 페르소나

 우리 집 아파트 화단을 지나는데 제비꽃이 앙증맞게 피어있다. 언 땅을 헤집고 도착한 봄소식이 신비스럽기까지 하다. 젊었을 때는 왁자지껄한 분홍색 봄이 소란스럽고 촌스러워 좋아하지 않았다. 회색빛 세월의 굽이를 돌아오는 동안 나를 기다려준 화사한 봄이 이제는 좋다. 더 가까이 다가가려고 봄 이름을 빌려 필명으로 쓰고 있다.
 내가 어릴 때 동지섣달이 생일인 나에게 어머니가 매화꽃 문양 은수저를 선물로 주셨다. 매화꽃 향기가 은은하듯 내 삶도 넘치거나 모자라지 않은 품격을 지니고 살라는 마음이 담겨있는 듯했다. 어머니 뜻을 좇아 애쓰면서 살았지만, 아직도 내 마음 그릇은 봄의 품격을 담기에는 부족하다.

　결혼하여 네 딸을 품에 안고 키우느라 정신없이 살았다. 자태를 뽐내는 꽃처럼 꿈 많던 시절에 지녔던 향기를 잃어버리고 말았다. 해마다 남쪽에서 봄바람이 불어오면 친구들은 수군거렸다. 매화마을로, 여수 오동도 동백꽃 숲으로 자유여행을 다녀왔다고 자랑들이었다. 인생은 가까이에서 보면 비극이지만 멀리에서 보면 희극이라는 찰리 채플린의 명언을 위안 삼고 도드라지는 욕망을 안으로 욱여넣고 살았다. 행동에 제약을 받는 셰퍼드처럼 집순이로 만족해야 했다.

　구순을 바라보는 나이에 나는 내 안에 웅크리고 있던 나를 만나 인생의 봄날을 즐기고 있다. 살아갈 날을 세어보는 안타까움을 들키고 싶지 않아 붉게 달아오른 복사꽃처럼 화장한다. 아침이면 오늘은 무엇이 기다리고 있을까 설레는 마음으로 하루를 시작한다. 낯선 것을 찾아 떠나고 싶은 내 안에는 말릴 수 없는 역마살 기운이 드리워져 있는 것 같다.

　얼마 전 사진작가 친구들에게 봄 처녀 버전으로 하소연을 했다. 매화꽃도 만나고 싶고, 오동도 동백꽃도 보고 싶다는 말을 흘렸다. 떠날 수 있다면 혼행도 하고 싶은 용기가 비집고 나오기도 한다. 기차를 타면 어디든지 데려다주는 우리나라 교통 서비스가 자랑스럽다. 계절이 바뀔 때마다 자연은 나에게 떠날 것을 종용한다. 사는 법을 강론하는 계절 사이로 친구들이 하나둘 건강의 삶바를 놓치고 떠났다는 소식이 들릴 때마다 우울하다. 설탕처럼 달지 않은 인생이라도 묵묵히 살아내야 하는 것이 삶 아니던가.

세 명의 사진작가들과 두 명의 "천사"들이 아랫녘 여행 스케줄을 세심하게 짜서 제안했다. 나를 포함한 여섯 명은 환호했다. 전날 밤 짐을 챙기면서 오랜만에 떠난다는 기쁨에 잠을 이루지 못했다.

아침에 신발이 마땅치 않아서 고르는데, 시간을 허비했다. 모처럼 긴 여행길에 함께하는 친구에게 깔끔한 모습을 보이려면 새 신을 신고 싶었다. 정들지 않은 새 신발은 불편할 것 같아 망설여졌다. 겉모습보다 편안한 것이 좋을 것 같아 낡았지만 내 발에 착 달라붙은 신을 선택했다.

정안 휴게소에 들러 우동으로 아침 식사를 하고 군밤 여섯 봉지를 샀다. 나들이에서 빼놓을 수 없는 것이 그 고장에만 나는 특산품을 먹어 보는 것이다. 친구들이 군밤이 맛이 있다며 휴게소 벤치에 앉아 추억을 들먹이며 다람쥐처럼 꺼내 먹었다. 남녘으로의 여행시간이 지체되어도 싱글거리는 노년들이 꽃봉오리 같았다.

광양 옥룡사 동백꽃 숲에 다다랐다. 넓은 군락지에 빼곡히 들어찬 동백나무에는 꽃망울이 조롱조롱 달려 있었다. 초록빛 나뭇잎 사이로 새빨간 꽃이 방글거리며 우리를 유혹했다. 두어 군데 더 둘러본 후 케이블카를 타고 여수 야경을 감상했다.

동백 카페에 들러 수다 삼매경에 빠진 친구들은 출사하러 여러 번 왔던 모양이다. 친구들은 떠남에 단련이 된 탓인지 전혀 피곤을 느끼지 않았다. 나는 저녁 식사 후 생일을 맞은 두영 천사님, 영길 님, 축하 샴페인을 터트리는 자리에 참석을 못 하고 말았다. 가벼운 몸살인 줄 알았지만, 몸에서 에너지가 빠져나가는 느낌이 들었다. 동행한 사람들에게 누가 될까 봐 내색을 안 했다.

다음 날 아침 콩나물 해장국을 맛있게 먹고 모닝커피가 먹고 싶다며 철없이 굴었다. 이른 아침에 여는 카페가 없었다. 운전 봉사하는 "윤 천사"가 낯선 고장에서 열려있는 카페를 기어이 찾아냈다. 오아시스에서 만난 샘물이 이렇게 반가울까. 나는 아침에 커피 한잔을 마셔야 정신이 든다. 오랜 습관을 버릴 수가 없다. 커피 마시는 시간을 지체하는 바람에 매화마을 가는 길이 밀려 차질이 생겼다.

중간에서 되돌아가야 했다. 눈치 없이 커피 마시자고 한 나는 민망했다. 여행을 다녀보지 않아서 시간을 잘 분석해야 하는 것을 모른다. 아무도 나를 탓하는 사람은 없었다. "서울에 조금 늦게 도착하면 돼요." 천사님은 웃으며 말했다. 친구들도 모닝커피가 좋았다며 내 민망함을 감춰주려 했다.

천사님은 이틀을 운전하면서도 꽃보다 환한 웃음으로 여행길을 안내했다. 그는 우리 모두에게 매실장아찌도 사주었다. "천사"라는 애칭은 우리 딸아이가 "할망구들 데리고 다녀주시는 그분 천사시네요"라고 해서 부르게 되었다. 그분은 강옥 씨 조카님인데 천사와 동행하는 우리는 늘그막에 여행 호사를 누리고 있다.

서울로 돌아오는 길에 구례 산수유 마을에 들렀다. 산에도 마을에도 샛노란 물결이 뒤덮고 있어 탄성이 절로 나왔다. 친구들 모두 식사를 대접하고 싶다고 제안했다.

서로 배려하고 격려하는 우리 홍매 친구들과 맞잡은 손이 노년의 시간을 가득하게 한다.

  친구도, 신발도 편안하고 정든 사이가 좋다. 그들과 길을 떠나면 내 안을 들여다보게 한다. 꽃으로 수놓아 향기가 더한 여행길에서 사람 향기에 취했다. 잘려나간 나무 그루터기에 앉아 웃고 있는 동백꽃이 바로 나였다.

적시는 마음 한 자락

 앙상한 나뭇가지가 바싹 벼린 바람의 날에 현을 켜고 있다.
 겨울을 잘 나는 나무는 늘 노래를 불렀다. 햇볕 따스한 날이면 올망졸망 앙증맞게 나뭇가지에 앉아 솜털 헤집으며 천연덕스럽게 재재거리는 새들의 모습이 오늘따라 코끝이 시큰하도록 눈물겹다. 나무들은 욕망의 옷들을 죄다 벗어버리고 속으로 깊어져 어떤 맑은 정신 하나 만나는 봄이면 새로운 시작을 할 수 있으니 얼마나 좋을까. 나뭇잎의 떨굼은 추위 속에서 삶을 지켜 낼 방편인데 그것도 생존의 치열한 몸부림 아닐까.
 마지막 잎새가 누렇게 바래며 바람에 현을 켜는 모습은

나의 친구들과 많이 닮았다. 67년을 함께한 죽마고우, 우리는 이제 누런 잎으로 옷을 갈아입은 앙상한 나무다. 소녀 적에 여덟 명이 만나 아름다운 추억을 쌓았다. 각자 삶을 향해 떠나가는 길이 달랐다. 때로 주머니가 넉넉지 않고 여정이 힘들어도 함께하면 힘이 났다. 삶이라는 힘겨운 무게를 내려놓고 모여 앉아 속내를 털어내면 늘 행복했다. 우리들의 우정에는 꽃보다 더한 향기로 가득했다.

얼마 전 나는 동양 난 향기에 반해서 키우기 시작했다. 정성을 들였는데 시들어 버리고 말았다. 식물도 적당한 사랑이 필요한 모양이다. 난이 좋아하는 것이 아니고 내 맘대로 준 정성이라는 것을 깨달았을 때 이미 내 곁을 떠나버린 후였다. 동백꽃 분재가 시들시들하기에 또 죽을까 봐 아침저녁으로 문안 인사를 했다. 내 마음을 기다리는구나 싶어 물을 흠뻑 주었다. 마음을 읽고 사랑을 주니 그해 겨울 분홍 동백꽃이 활짝 피어 온 집안이 화사했다.

산천초목도 싱그러운 햇볕을 받고 적당한 바람에 흔들려야 더 푸르르다. 새들이 와서 깃들어도 참아야 튼실한 통나무가 된다는 것을 화초를 키우면서 깨달았다.

문득 "파피용과 검사"의 대화가 생각났다. 살인 누명을 쓴 파피용이 억울하다 하니 검사가 당신은 살인보다 더한 죄를 지었다. 그것은 "인생을 낭비한 죄다"라는 말에 웃었지만 내 가슴은 쿵 하고 내려앉았다. 나도 인생을 낭비하며 살았다는 생각이 옥죄어 온다. 소 잃고 외양간 고친다고 했던가. 나머지 삶을 어찌 살아야 할까 고민에 빠졌다.

평생을 가족 보살피는 가정주부로 살아온 것이 요즘 들어 부끄럽다. 알렉산드로 푸시킨은 이렇게 노래했다.

> 마지막 꽃들이 더 소중하네 / 들판에 화려한 첫 꽃들보다도
> 우리 가슴이 우울한 생각들을 / 더 생생하게 일깨우는 마지막 꽃들
> 그렇게 간혹 이별의 순간은 / 더 생생하네, 달콤한 만남의 순간보다도

황혼빛을 향해 무한 질주를 하는 나를 토닥여 주는 시다. 요즘 들어 친구들의 쓸쓸함과 고달픈 사연들이 나를 우울하게 한다. 자영이가 몹시 아프다. 내가 부른 오카리나 연주를 듣던 친구가 잃어버린 웃음을 되찾아서 너무

행복하다. 친구가 목을 가누지 못해 뒤로 젖힌 고개를 들더니 고갯짓으로 리듬을 타는 것을 보며 나도 모르게 눈시울이 붉어졌다.

  내가 쓴 글도 오카리나 연주도 정말 어설프다. 그래도 읽어주고 들어 주며 공감하는 답을 받으면 덤으로 사는 나의 삶이 헛되지 않았음을 느낀다. 만물과 인간의 엄정한 의무는 똑같다. 꽃 피고 새 울면 씨뿌리고 자연이 주는 햇볕과 물을 받아먹고 열매 맺어 그 삶을 고스란히 내어 주는 것이리라.

화려했던 날들

꽃은 언제나 기쁨을 동반한다. 꽃은 시샘도 하지 않고 다툴 줄도 모른다. 나는 여자가 꽃보다 예쁘다는 것에 동의하지 않는다.

남편 추모일이 다가온다. 내 마음을 훔쳐 갔던 그의 추모예배에 장미꽃을 바친다. 아이들에게 내 인생 마무리하고 난 후 아버지 기일에 나에게도 장미꽃 한 송이를 장식해 달라고 했다. 아이들은 모두 좋다고 했다.

오늘은 몸살로 며칠째 두문불출하며 몸조리를 하고 있다. 화창하던 날씨가 을씨년스럽고 축축한 것이 몸살 기운에 더해서 기분마저 우중충하다. 죽마고우 영희가 매일 조석으로 안부 전화를 해주니 얼마나 고마운가. 오늘은 산책할 정도로 기력이 생겼다 하니 제 일처럼 좋아한다.

 기운을 차리고 보니, 몸살도 났지만, 마카오 여행 다녀온 후 장미 화분에 물 주기를 잊고 있었다. 젊을 때는 동양란을 비롯한 화초를 많이 키웠다. 모두 분양하고 지금은 장미꽃 화분과 몇몇 꽃만 가꾸고 있다. 장미꽃만 목마른 티를 내고 시들어 고개를 숙이고 있는 것이 눈에 밟혔다. 다행히 그중 세 송이는 살아서 다소곳이 웃고 있다. 나의 사랑을 말없이 기다리고 있는 꽃이 가여워서 "미안해"라고 했다. 나는 살아생전 이 장미꽃과 같이 동행하려고 한다. 시들은 이파리, 가지를 다듬으며 정성 들이니 싱싱한 모습을 되찾았다.

 지난 시간을 돌이켜 보면 인간관계에 대해서 나는 많이 서툴다. 글을 쓰면서 남편과 다투었던 때가 더 좋은 시간이었다는 것을 깨달았다. 왜 글을 쓰겠다고 어려운 길을 택했는지 나 자신에게 묻지만, 선뜻 할말이 떠오르지 않는다. 나는 그냥 쓴다.

 김남조 시인이 말씀하시기를 "신은 식물, 동물, 풀잎, 작은 돌에도 '나 좀 도와주게'라고 했단다. 우리가 하나님을 도와야 하는 데 하나님이 우리에게 하시는 말씀은 네가

갖기를 바라는 모든 것을 주고 싶은데 그대가 나를 도와주게! 라고 했단다. 우리가 받은 은혜다. 작은 것도 신께 감사하라는 뜻 같다.

　나는 이 말을 가슴에 새겨넣고 잊지 않고 살려고 노력했다.

　며칠 앓는 동안 세상 욕심 내려놓으니 꽃이 보이고 새소리가 들리고 파란 하늘과 푸른 바다가 내게 다가와 말을 건다.

　내 주변 모든 이에게 잘하라고.

　다시 얻은 삶을 낭비하지 말라고.

빈 배

　얼마 전 오랜 친구에게 등을 보이고 말았다.

　서로 생각이 다른데 굳이 함께 지내야 하는지 마음의 한계를 느꼈다. 몇 달 동안 고민을 하다가 모임에 안 나가기로 했다. 그런데 그 모임에서 웅숭깊은 친구 한 명이 떠오른다. 그녀는 외로움을 달고 산다. 외롭지 않은 사람이 어디 있을까만 그녀는 늘 홀로다.

　지난해 늦겨울, 친구들하고 인천 영종도 바다 구경에 나섰다. 그들은 사진작가로 출사를 가본 곳이지만 나를 위해 동행했다. 드넓은 바다, 하늘 위를 힘차게 날아오르는 갈매기가 나에게도 날개를 달아 주었다. 그 활기가 생의 환희와 전율을 느끼게 했다.

썰물 때 바닥이 드러나 쓸쓸한 갯벌 한 귀퉁이에 초라한 나룻배 한 척이 고즈넉하게 앉아 있었다. 어딘지 우울한 모습을 한 빈 배가 나를 닮았다. 사진에 담으니 보석을 얻은 듯 기분이 충일했다.

영종도 바다 구경보다 빈 배를 만난 행운에 자다가도 보고 또 보곤 했다. 빈 배는 스스로 고요하고 조용하다. 험난한 파도를 넘었을 테고, 잔잔한 물결이 다시 돌아올 것도 알 텐데 묵묵히 견디고 있다. 망망한 바다 건너 희망을 보면서 쓸쓸함도 삼키고 있을지 모른다. 썰물이 있으면 반드시 밀물의 때가 온다는 것을 믿고 기다리고 있는 것일까.

나에게는 빈 배로 살면서 서로 마음을 토닥이며 함께 하는 친구가 있다. 어제는 영희하고 유 권사를 만나기로 한 날이었다. 내가 심한 몸살을 앓고 있을 때 아침, 저녁으로 안부를 물어 주고 걱정해 주는 좋은 친구들이다. 그녀들은 내가 건강을 회복했다고 축하 자리를 마련했단다. 하지만 나는 오랜만에 친구들에게 최고로 비싼 음식을 대접할 마음이었다. 호사다마라고 할까. 그날 유 권사가 몸이 안 좋아 함께 할 수 없었다.

유 권사는 빈 배다. 그녀는 가진 것 없어도 늘 풍족하다. 나의 마음 지갑보다 훨씬 커서 든든하기까지 하다. 그녀는 점심 약속을 한 날이면 손수 쑥떡을 쪄온다. 몸도 쇠약한데 빈손으로 오지 않는 빈 배는 늘 부자다. 그렇지만 빈 배는 요란하지 않다. 지혜로운 사람은 말이 없다는 것은 유 권사를 위한 표현 같다. 우리가 함께할 때 어떤 상황이 와도 그녀는 마음을 어지럽히지 않는다. 남편과 아들을 잃고 가슴 깊은 곳에 슬픔을 숨겨놓고도 타인의 건강을 먼저 걱정하는 따스한 마음을 지닌 친구다.

빈 배가 고요한 마음으로 밀물의 때를 잃지 않기를 바란다. 영희도, 유 권사도, 나도 짝을 잃은 빈 배지만 도란도란 이야기 나누며 황혼으로 물드는 바다를 바라보고 있는 지금 누구도 부럽지 않다.

포기하지 않고 버티는 것이 이기는 거다. '버티기만 해도 잘사는 것이다'라는 말이 있지 않은가. 우리 셋은 걸음걸이가 뒤뚱거려도 누군가의 밀물이 되기를 서로 응원하다

아파 보아야 철이 드는 것일까. 며칠 아프면서 어떻게 하면 인생을 멋지게 마무리할까 생각이 많았다. 하루를 마감하며 황혼빛으로 물들이는 석양은 욕심을 내려놓았

기 때문일까.

  내 마음속에서 지워야 했던 친구 얼굴이 스쳐 지나간다. 썰물을 떠나보내고 밀물을 기다리는 빈 배로 우리는 남아 있다.

가시

 한동네에 살았던 인연으로 가까이 지내게 된 친구가 있었다. 몇 년 동안 모임을 같이 했다. 그녀와 나는 취미도, 일상에 일어나는 일을 해석하는 것도 다르다. 매일 아침 가족이 일터로 학교로 나가고 나면 어김없이 우리 집에 온다. 그녀는 수단이 좋아 어눌한 나를 구슬려서 서투른 내 비빔국수 솜씨로 점심을 먹고 노닥거리다가 해가 뉘엿뉘엿해질 때야 일어나 집으로 돌아가곤 했다.
 나는 그 시절에도 외로움을 타서 사람을 만나면 불편한 것도 모르고 그냥저냥 지냈다. 지나고 보니 그녀는 자신의 집에 나를 오라고 한 적이 한 번도 없었다. 집이 어지럽혀지는 것이 싫다는 말을 늘 주문처럼 늘어놓았다.

집 안이 정리 정돈되어 깨끗해야 편안하게 느껴진다고 했다. 언젠가 지나가는 말로 자신의 깔끔 벽은 남편으로 인해 생긴 결벽증에 가깝다고 했다. 내면의 깔끔함과 생활의 깔끔함은 다르다. 생활의 깔끔함은 자신을 위한 것이고 내면의 깔끔함은 타인에 대한 배려다. 사람은 작은 습관 하나에도 엄청난 차이가 느껴진다. 나는 주변이 다양한 사람들과 동행하며 산다. 그중에는 나를 자극하는 친구도 있어서 때로 부담스럽다.

 그녀는 외모가 곱다. 외모에 관심이 많아 의술에 맡겨 몇 군데 손을 댄 것을 주변 사람들은 알고 있다. 그녀의 화제는 늘 미용, 건강식, 옷치장이 전부다. 나와 생각하는 방향이 같은 점이 하나도 없다. 장미꽃처럼 화려한 그녀는 내게 관심이 많아 늘 외양을 비교하며 내 비위를 건드린다. 말할 때 그녀가 내 마음을 들여다보는 일은 없다. 어찌나 샘이 많은지 내 주변 지인을 모두 자기 울타리 안으로 밀어 넣는다. 그래서 그녀와 인연이 불편하다.

 그녀는 우리 모임에서 날짜, 장소를 알리는 수고를 한다. 번거로운 반장 일을 좋아서 하는 것이다. 나는 그녀가 고맙지만, 배려가 없는 행동에 볼멘소리도 못 하고 감정을 욱여넣어 나의 표정은 늘 밝지 않다.

내가 마카오 여행으로 모임에 불참했다. 그날 모임에서 거북한 일이 있었다고 친구들이 입을 모았다. 그녀는 몇 명 안되는 회원들의 상황과 의사는 무시한 채 독선적 언행으로 상처를 주었던 모양이다.

회원 중 한 사람은 외로운 독거노인이다. 나는 그녀와 사는 처지가 같아 가끔 만나 위로하며 이야기를 들어준다. 독거녀는 그 미녀에게서 여러 번 무시를 당하고 서러웠지만, 울음을 참았다고 고백했다. 오히려 인내심이 없는 자신을 자책했다. 그 독거녀는 모임을 그만두고 싶다고 했다. 나는 위로의 말과 함께 모임에 계속 참석하고 외출해야 생기가 돈다고 다독여주었다.

지난여름, 과천 대공원 장미 축제에 혼자 갔다. 장미원에 들어서자 은은한 향기가 나를 반겨주었다. 오색의 아름다운 장미 나무는 가지에 가시를 숨겨놓고 산다. 인간관계에서 말로 행동으로 표현을 하지 못하는 내가 할 수 있는 일은 장미를 흉내 내는 것 아닌가 싶다. 겉은 예쁘게, 향기는 은은하게, 마음속에는 가시를 감추고 착한 척하며 산다.

나는 나를 닮은 찔레꽃이 좋다. 찔레꽃도 가시가 있지만, 장미에 비해 화려하지 않아 그 수수함이 좋다. 아무리 개성시대라고 하지만 자신을 꽃에 비유하는 것은 우스운 일일까.

나는 그 모임 단톡방에 가시돋친 말을 올렸다. "앞으로 나는 빼 주세요."

우정으로 걷는 시간들

나는 친구들과 찻집 데이트를 좋아한다.

비 오는 날이나 눈이 오는 날이면 누구라도 옆에 있어 주기를 고대한다. 그런 날 밤이면 혼자라는 쓸쓸함에 잠을 이룰 수가 없다. 서가에서 책을 꺼내 읽어보지만 공허한 마음을 다독이지 못한다. 책상에서 일어나 부엌으로 방으로 서성이며 헤맨다. 결국, 위장에 좋지 않은 간식으로 구멍 난 마음을 채우고 잠을 청한다. 뭔가를 놓친다는 것은 막막한 일이다. 살면서 놓친 것이 얼마나 많은가.

내가 어렸을 때 기억으로 어머니는 남자 동생을 내리 낳으시느라 늘 누워계셨다. 대여섯 살 난 어머니에게 응석을 부리고 싶지만, 꾹꾹 참았다. 그런 혼자만의 시간이면 나는 자연에게 마음을 빼앗기곤 했다. 우리 집 화단 바위틈에 함초롬하게 핀 들꽃을 보며 식물적인 감각으로 상상의 나래를 폈다. 울컥함에 사로잡힌 채 처마 밑 물받이에서 흐르는 빗물에 손수건을 빨면서 비를 맞는 것도 잊곤 했다. 그런 감성이 지금 내가 있게 한 작가의 길이었을까.

어제 오카리나 레슨을 받고 집으로 오는데 태풍이 북상한다는 뉴스를 들었다. 긴장감이 풀리니 문득 어린 시절, 빗물 놀이로 외로움을 달래던 추억이 떠올랐다. 적막한 세상의 한끝에서 나에게 안식을 주는 것은 사소한 것들이라는 생각을 했다.

언제부턴가 나는 한번 외출하면 집에 들어가기 싫은 습성이 생겼다. 소나무 사이로 뜬 달이 기품이 있고, 댓잎 서걱거리는 대밭 사이에서 내다보는 달이 이 세상 무엇보다 청초해 보이는 것은 나이가 든 탓일까. 혼자 적적하게 보내는 시간이 싫다. 그도 그럴 것이 남편이 이승을 떠난 후 집에 혼자 있으면 자꾸 눈물이 난다. 그것을 본 딸이 우울증 검사를 하고 약 처방도 받아야 한다고 했다. 우울증이라는 단어에 나는 기겁을 하고 스스로 정신을 차리려고 안간힘을 쓴다. 예전에는 오랜 친구 모임 아니면 집에서 혼자 조용히 지내는 것을 좋아하는 편이었다. 요즘은 그런 나를 찾아볼 수가 없다. 늘 혼자 지내며 조용히 살아서 나는 세상 돌아가는 일에 안목이 부족하다. 아둔하리만큼 둔해서 면 전에서 내 흉을 보아도 잘 알아듣지 못한다. 솔직함이 병인 나는 처음 만난 사람과 말 몇 마디 나누면 속내를 다 드러내고 만다.

어제도 외출했다가 집으로 곧장 가기가 싫었다. 비가 오락가락하니 마음도 싱숭생숭해서 문우 정 여사를 불러냈다. 그런 내 마음을 읽었는지 좋다며 한걸음에 달려 나오겠다고 했다. 화장도 안 한 얼굴 봐줄 수 있느냐며 농담 반 진담 반으로 우울한 나에게 웃음꽃을 선물한다. 우리는 이렇게 만나면 늦은 밤까지 노변정담을 주고받는다. 그녀와 만나면 사람 사는 이야기만으로도 지루하지 않다. 밤늦게 귀가하지 않아 자녀들이 걱정할까 봐 나는 카페 사진을 보내 안심시킨다.

나와 정 여사는 늘그막에 만나 서로의 안식처가 되곤 한다. 그녀는 내게 없는 예리한 관찰력으로 우리 사이를 조율한다. 똑같은 상황을 만나도 나는 허둥대지만, 그녀는 어른스럽게 대처하며 유머러스하게 표현한다. 나는 흑백으로 말한다면 그녀의 언어는 칼라풀하다. 가끔 나를 툭 치며 성격이 까칠해서 연애도 못 한다고 핀잔을 준다. 이 세상이 얼마나 둥근데 직선을 고집하며 사는 것은 많은 것을 잃는다고 지적을 한다.

내게는 자녀 손이 많다. 딸들은 모두 자기 가족을 챙기느라 분주하다. 모두 내게 효심이 지극하지만, 가정생활에 충실히 하라고 한다. 아이들이 혼자인 나에게 마음을 쓸까 봐 되도록 바쁘게 살려고 한다.

혼자 바쁜 척 호들갑을 떨지만, 가끔 혼자라는 생각이 엄습할 때가 있다. 책을 읽어도 음악을 들어도 허공에서 맴돌다 흩어지곤 한다. 누구라도 곁에 있어 주면 좋겠다 할 때 사진첩을 꺼내 보거나 정 여사에게 러브콜을 한다. 재치있는 정 여사는 내 생각을 하고 있었다며 농담으로 나를 들었다 놓는다. 이 나이에 언제라도 부르면 와주는 애인이 있어 나는 얼마나 행복한가. 어쩌면 먼저 가버린 남편이 몹시 부러워할지도 모르겠다. 어떤 날은 맛집에 들러 음식을 나누며 우정을 먹는다. 그녀는 맛있게 먹었다고 커피와 아이스크림을 쏜다.

"당신은 내가 식사를 내겠다고 하면 꼭 싼 메뉴를 택하더라" 하는 정 여사 말에 나는 아무 말 하지 않고 그냥 웃는다. 우리의 우정은 한가롭고 평화로운 가을 오후 같은 느낌이다.

정 여사에게는 별장도 있고 성실한 아들딸도 있어 팔자가 좋다. 그녀와 비교하면 어쩌면 내 돈주머니는 얄팍할지도 모른다. 정 여사를 만나 내 지갑을 자주 여는 이유는 데이트 신청을 거절하지 않고 받아주어 늘 고마운 마음이 있어서다.

꽃을 피우기는 오래 걸려도 지기는 쉽다지 않은가. 살아온 날은 길어도 남은 날은 짧다. 나는 매일매일 주어진 기쁨으로 살다 여행을 마치고 싶다

> 기쁜 일 있으면 마땅히 즐겨야 하고
> 한 말 술 준비하여 이웃 함께 모여야지
> 젊은 시절은 다시 오지 아니하고
> 하루에 아침은 거듭 오지 않으니
> 젊을 때 마땅히 부지런히 노력하라

세월은 사람을 기다리지 않는다.
_도연명

 화살처럼 흐르는 것이 인생이고 젊은 시절은 매우 중요한 때이므로 시간을 헛되이 보내지 말라는 뜻을 자녀, 손주들에게 당부하고 싶어 나는 필을 든다. 학문을 게을리하지 말라는 말이 노년의 가슴에서도 희망이 된다. 글도 오카리나도 힘이 있을 때까지 하라는 도연명 선생의 응원 메시지를 마음에 담는다.

왜 왔을까

 비 내리는 아침, 창문밖에 까치 한 마리가 퍼덕이다가 간다. 오늘은 칠월칠석 날이다. 일 년에 한 번 은하수 동쪽의 견우와 서쪽의 직녀가 오작교에서 만나 애달픈 회포를 푸는 슬픈 날이다. 하늘도 그 의미를 알고 있는 것일까. 두 사람의 만남과 이별이 슬퍼서 하늘도 눈물을 흘린다.
 멀리 피안의 세계로 떠난 남편과 내가 견우와 직녀로 만날 수 있다면 얼마나 좋을까. 이런 상상을 하는 날에는 집에 있기 싫다. 컨디션이 안 좋았지만 만나면 행복해지는 사람들을 떠올려 보았다. 그동안 많은 인연 중 글 친구들과 만남은 나에게 에너지를 충전하는 시간이었다. 오늘 수필교실에 결석하려고 마음먹었는데 나도 모르게 발걸음이 수필

교실로 향했다.

 수다 친구 정 여사를 만나서 어쭙잖은 내 상상력을 내놓고 수다를 풀어볼까 하는 마음에 기운이 생겼다. 무거운 몸을 끌고 교실에 들어가니 수업은 거의 끝나가고 있었다. 살아오면서 어떤 모임이나 만남에 지각하는 것을 싫어하는 내가 지금 여기에 왜 왔지? 수업 도중에 유람하듯 교실에 들어가면서도 나는 부끄럽지 않았다. 교실 수업 분위기를 흐리는 노인이 되지 않기로 나와 약속했는데 허사가 되었다.

 마무리하는 강의에 귀를 기울이며 오늘 발걸음에 작법 한 가지라도 배우려고 노트에 적었다. 견우, 직녀처럼 남편을 만난다면 변해버린 나를 어떻게 바라볼까. 우리는 함께 살면서 정서적인 소통이 잘되지 않았다. 깊은 속마음을 가슴에만 두고 사는 남자였다. 그의 그늘에서 벗어난 나는 좌충우돌하며 인생을 새로 배우고 있는 느낌이 들 때가 많다. 어쩌면 나의 어설픈 작태를 그는 그윽한 눈빛에 담아둘지도 모르겠다.

 늦게 도착한 내게 수필교실 선생님은 비가 오느냐고 물었다. 나는 동문서답하듯 "오늘이 칠월칠석이에요"라고 했다. 내 마음을 읽었는지 선생님은 칠월칠석에 관한 글 한 편 써보라고 했다. 글제를 귀띔을 해주시니 지각을 했지만 오길 잘했다는 생각이었다. 우리가 계획하고 실천하는 것들이 다 이루어지지는 않는다. 지각하는 내게 '뭣 하러 왔니' 하고 물었지만, 현실은 내 생각 밖에 있었다.

 삶은 기쁨과 슬픔, 만남과 이별이 교차하며 맑고 흐리며 밝고 어둡게 다가오기도 한다. 세상사 늘 맑음이기를 바라지만 어디 마음대로 되는 것이 그리 많던가. 내 옹색한 바람은 은하수 건널 때 별빛이 나와 동행하기를 기도한다. 나이가 들어간다는 것은 세상 이치를 아는 것과 맞아떨어지는 것 같지는 않다. 오늘 아침 친구가 전화통을 붙들고 하소연을 한다. 친구에게 혈육이라고는 외국에 사는 아들 하나뿐이다. 시위대를 떠난 화살촉처럼 시간의 덫을 벗어나 덩그러니 놓여 있는 독거노인이다. 그녀가 지인에게서 전화 한 통을 받았단다. 남편이 세상을 떠났으니 문상을 오라는 말이 귀에 안기지 않았단다. 평소에 다정하지도 자신에게 관심을 보이지 않았던 여인의 말이 뜬금없었다. 친구는 서울 변두리에서 살며 몸도 아주 허약하다. 그녀의 초대는 친구에게 너무나 먼 이야기였을지도 모른다. 매일 먹고 사는 것을 걱정하는 친구에게 조문할 여유가 없기도 하고 건강도 자유롭지 못하다.

　만날 때마다 부자로 사는 삶을 입에 올리는 그녀가 친구의 남루한 삶을 손톱만큼이라도 이해할 수 있을까. 친구는 그녀에게 상처를 받아 마음이 편치 않다고 새벽부터 무거운 입을 열었다. 비단결처럼 고운 친구는 오히려 그녀가 자신 때문에 상처받을까 봐 가슴이 떨린다고 했다.

　우리는 해마다 칠월칠석날이 되면 그리운 마음에 전화를 건다. 만나면 견우, 직녀처럼 마음으로 서로를 껴안는다. 오늘도 서울에서 멀리 떨어진 곳에서 나오기에 늦었다며 친구는 칠석날 기분을 내자고 했다. 칠석날에 만나는 견우직녀처럼 애틋한 마음으로 낭만을 즐겼다. 은하수를 건너서 손에 닿을 수 없는 곳에 있는 남편을 그리워할 것이 아니라 친구를 불러서 오작교도 만들고 정담나누기를 잘했다. 아쉬운 이별 눈물은 쏟아붓는 여름비와는 다른 차분한 비라 마음이 정화되는 느낌이다. 우리 추억 속에 추적추적 내리는 비가 연주를 한다. 우리는 견우직녀 놀이로 하루 동안 은하수를 건넜다.

　사랑은 아플지라도 그것보다 위대한 것은 없다.

5

창밖의 뭉그러진 삶의 곡선들

심윤보 作

빨강이가 파랑이에게

 고독은 외로움이 아니다. 홀가분하게 혼자 산에 올라 숲속에 앉아 바람에 살랑이는 나무 잎새 노래를 들으며 감성을 끌어내 본다. 나이가 들어 홀로 지내는 친구들을 어릴 적처럼 집으로 초대한다.
 어제는 문두리 선생님이 문우들을 불러 수다방을 열었다. 의왕시 백운호수 언덕배기에 자리 잡은 동네로 발아산이 병풍처럼 감싸 안고 있어 아늑해 보였다. 오늘 나들이는 혼자가 혼자에게 선물을 주는 느낌이었다. 유명한 맛집에서 명태찜을 사준 그녀의 얼굴에서 단풍 빛 홍조가 느껴졌다. 그녀는 명품 추어탕을 준비해 놓고 우리에게 맛을 보여주고 싶어 했던 모양이다. 사실 나는 추어탕을 못 먹는다. 추어탕을 먹어 본 일이 없는 서울뜨기인 나는 난처했다. 그녀는 자기의 계획이 어긋났지만, 흔쾌히 분위기를 맞추어 주었다. 나이가 들어가면 우리에게 익숙한 빠름이 점점 느릿해진다. 자가운전을 하던 사람도 손을 놓고 뚜벅이로 산다. 나의 문우 문 선생은 아직도 젊음을 유지하고 있어서인지 운전을 잘한다.

우리는 그녀의 애마를 타고 아직 떠나지 않은 가을 단풍 구경을 나섰다. 아름다운 백운호수를 옆에 끼고 단풍들과 눈인사를 하는 사이 내 마음에도 단풍이 들었다. 뜻이 맞아 함께하기로 한 김 박사가 독감이 심해서 나오지 못했다. 감성이 풍부한 김 박사가 없는 모임은 조금 쓸쓸했다. 수필과 시를 쓰는 문두리 선생은 우리들의 기분을 읽었던지 바라산이 바라보이는 아름다운 카페로 안내했다.

카페 주인은 멋진 젊은 남자였다. 우리는 헐값에 염치를 팔아버리고 간식으로 준비해 간 과자를 꺼내 놓고 먹었다. 카페에서 다른 음식을 먹으면 안 된다는 것을 잊은 척 당당하게 노인 짓을 했다. 말 타면 경마 잡고 싶다더니 나는 아기 머리통만 한 사과를 카페 주인에게 내밀면서 씻어 달라고 했다. 카페 주인은 웃으면서 "네" 하고 칼까지 주었다. 온몸에 배어있는 그의 친절한 모습에 감동하였다. 다음에 꼭 다시 와서 멋진 식사를 하고 싶은 마음이었다. 그의 친절에 나는 빚진 자가 되었다.

　문 선생은 창 넓은 카페에서 제일 멋진 자리로 우리를 안내했다. 마치 스카이라운지에 온 듯했다. 창밖으로 보이는 바라산은 오색 옷으로 갈아입고 우리에게 손짓했다. 파란 하늘을 향한 단풍이 아름답다 못해 애처로웠다. 순간 내 눈시울이 뜨거워졌다. 나는 저 단풍나무처럼 온몸을 기울여 누군가를 그리워했던 적이 있는가. 문득 아련한 추억 속으로 접어들었다. 언젠가 머물렀던 시간인 듯 마음이 포근해졌다. 카페 뜨락에서 파란 하늘을 이고 있는 모과나무 한 그루가 샛노란 모과를 하나 달고 묵묵히 서 있다. 하늘은 빨강 단풍과 노란 모과를 품어 안으며 정점에 서 있다.

　문 선생의 권유로 바라산에 올라 단풍이 주는 가을 판타지에 취했다. 그러나 마음과 몸은 서로 다른 꿈을 향해 가는 느낌이었다. 산을 오르는 것은 어렵지만 계곡에서 졸졸 흐르는 물소리, 바람 소리라도 듣고 싶었다. 자연에 둘러싸여 도시의 소음이 없는 곳에서 살고 있는 문 선생이 아이러니하게도 외롭다고 한다. 마음을 흉금 없이 터놓고 지내는 우리가 피붙이처럼 느껴졌을까. 저녁밥을 맛있게 지어 줄 테니 먹고 가라고 붙잡는다. 종일 운전 봉사와 점심 대접에 미안해서 우리는 한사코 사양했다.

어느덧 해가 기울기 시작했다. 하루의 호사를 잊지 못할 추억으로 간직하고 헤어지는 발걸음이 가볍지 않았다. 나이를 먹는다는 것은 고독과 외로움을 친구삼아 사는 것 아닐까. 나무가 계절에 순응하여 파랑이가 빨강이로 물들며 사랑을 애타게 갈구하듯 인생도 닮은꼴이다.

곶감

치아 네 개를 발치하고 내가 뽑혀 나갈 것처럼 아팠다. 그와 중에 어머니가 만들어주시던 찰떡 생각이 났다. 어머니는 정월 대보름 전날 나의 아버지 생신이 돌아오면 시골에 사시는 친할머니와 친척들을 초대하곤 했다. 어머니 음식 솜씨 중 내 입맛을 사로잡았던 것은 맛있게 만든 찰 시루떡이었다. 밤, 대추, 콩, 늙은 호박, 곶감을 넣은 어머니 표 찰떡은 명품이었다. 나는 떡에 박힌 곶감만 골라서 빼 먹곤 했다.

어린 나는 동화책 속의 떡에 얽힌 이야기가 생각나서 묻곤 했다. "할머니 떡에 들어있는 곶감이 맛있어서 자꾸

손이 가요. 이렇게 맛있는 곶감을 왜 아기들이 무서워하나요."

우는 아기도 호랑이가 잡으러 온다고 하면 막무가내로 떼를 쓰다가 "엣다 곶감이다"라는 할머니 말에 울음을 뚝 그쳤다는 이야기를 들은 적이 있다. 할머니는 웃으시면서 곶감이 달고 맛있는 죄 밖에 없단다라고 했다.

어제 오카리나 송년 연주회가 있었다. 남수연 선생님 제자 24명의 오카리니스트들이 모여서 재능을 뽐내는 자리였다. 우리는 겸손하게 연주하며 화기애애한 우정을 나누었다. 적은 회비로 검소하고 아기자기하게 꾸민 연주회장은 정감이 흘렀다. 남 선생님은 손으로 반지, 브로치 등 액세서리를 밤을 새워 만들어서 제자들에게 선물했다. 사랑으로 만든 선물은 이 세상 어떤 보석보다도 가치가 있게 느껴졌다. 마음이 담긴 선물은 감동 그 자체다. 음악으로 나누는 사랑동아리는 서로 주고 싶은 것이 많아 늘 만날 때마다 무엇인가 선물을 받곤 한다.

제자들은 취향에 맞게 예쁜 양말, 초콜릿, 케이크, 촌지 등을 협찬했다. 총무는 회비를 아끼지 않고 푸짐하게 썼지만, 아직도 주머니가 두둑하다며 웃었다. 총무는 언제

준비했는지 남은 돈을 스타벅스 커피 기프트 카드로 참석자들에게 나눠 주었다.

청일점 오카리니스트 나꺼사(나이를 거꾸로 먹는 사람) 님은 타인을 배려하는 진정한 예술인이다. 오카리나 행사 때마다 1초도 쉬지 않고 회원들 하나하나를 보살핀다. 그는 상주사람이다. 학교 다닐 때 학업 성적도 상위이고 동창들과도 잘 지내서 그 지역의 인기남이었다. 금융기관에 종사하는데 업무도 성실히 하는 직장인으로 모범이 되는 인물이다. 취미의 경지를 넘은 그의 오카리나 실력은 나를 놀라게 했다. 악기를 다루는 재주가 있어 전자호른 연주에 나는 넋을 잃고 감상했다. 그의 나이 56세, 언제나 나를 부를 때는 수양엄니라고 한다.

50대 60대 70대 오카리니스트들 사이에서 나는 노 청춘이라 불린다. 그러나 나이 앞에서 장사는 없는 듯하다. 나는 어제 연주회에서 실수 없기만 바라는 마음으로 기도했다. 불안을 늘키지 않기 위해 가만히 앉아서 악보에 신경을 쓸 때 다른 연주자들은 연주장 꾸미기에 바빴다.

연주장을 예쁘게 꾸미려고 각자 미적 감각으로 바삐 움직인 연주자들은 자기 연주 차례가 오자 실수를 연발했다. 모두 들 "괜찮아~~" 박수로 응원하며 하모니를 이루었다. 나는 아무것도 돕지 못하고 암보한 덕에 실수가 별로 없었다. 박자를 조금 빠르게 연주했지만, 그 정도로는 박수받을 만했다. 어쩌면 왕 노인 대접을 하느라 응원박수를 보낸 것 아닐까.

남 선생님은 실수 없이 연주했다며 칭찬을 아끼지 않았다.
6시간 동안의 연주 축제로 모두 흥겹고 행복한 순간이었다. 난 몹시 피곤하여 집으로 곧장 돌아왔다. 마음은 하늘 높이 반짝이는 별빛을 따라가고 있었지만, 몸은 땅속으로 들어가는 듯했다. 그러나 어쩐지 기분이 개운치 않았다. 땡감을 씹은 느낌이었다. 잘 익은 곶감 맛이 떠올랐다. 오늘 내 연주는 떫은 땡감 맛이었을까. 내 꿈을 실현한 연주회가 끝나고 곶감 생각이 났던 것은 과육이 잘 숙성되어 단맛을 내는 무대를 나도 만들고 싶어서다.

봄철 감꽃이 지고 나면 열리는 열매를 풋감이라고 한다. 나는 인생의 황혼역에서 되돌아보니 아직도 풋감의 떫은맛을 지닌 듯하다. 여름에 주홍빛으로 익은 감은 달지 않다. 가을이어야만 제맛을 낸다. 긴 세월을 두고 기다린 잘 익은 감을 껍질을 벗겨내서 실에 꿰어 말려야 비로

소 곶감이 된다. 곶감에는 하얀 가루가 생기는데 그것을 시설이 앉는다고 한다.

하얀 시설이 앉아야 비로소 맛있는 곶감이 된다. 가만히 앉아서 내 연주에만 신경 쓴 나는 시설 같은 맛을 관객에게 전했을까.

나는 떫은맛이 나는 사람이다. 자기 연주보다 봉사에 정성을 쏟은 젊은 오카리니스트들에게서 다디단 곶감에 시설이 내려앉은 맛이 느껴졌다.

프랭크 시내트라의 My Way 노래가 내 마음을 흔들어 놓은 밤이었다. 삶의 긴 여정에서 후회 없이 살았노라고 노래할 수 있는 나에게도 곶감의 시설같은 뭉근함이 묻어나기를 마음으로 빌어본다.

창밖에 뭉그러진 삶의 곡선들

 비가 내린다. 차창에 어른거리는 빗속 거리 풍경은 영화 속 장면처럼 흩어진다. 우산 속 젊은 연인은 빗물에 그려진 한 폭의 수채화다. 구부정한 남성이 검정 비닐봉지를 가슴에 품고 비를 맞으며 휘청거린다. 나는 초점이 흐려져 멈춰 섰다. 멈출 때마다 움직이지 않는 몸에 힘이 생기는 느낌이다. 때로는 어디로 가야 할지 무엇을 봐야 할지 미련을 가지지 않아서 좋다. 꼼짝없이 잡혀 무엇엔가 집중할 수 있는 것이 가끔은 행복으로 느껴진다.
 나는 꽃을 보면 그냥 지나치지 못하고 핸드폰 카메라로 사진을 찍는다. 아무도 눈여겨보지 않는 가녀린 꽃에 푹 빠지곤 한다. 들길에 은빛 머리칼을 휘날리는 억새도 나를 유혹한다. 황혼빛을 배경으로 휘날리는 억새 틈새에서 내가 보인다.

사진작가 친구들하고 강화도에 드라이브 가던 어느 가을날이었다. 비가 내리고 있었고 회색빛 하늘은 가을 길을 걷는 내 기분을 멜랑콜리 하게 만들었다. 요즘 들어 다운된 기분을 올리려고 가을 바다 구경을 따라나섰다. 나는 늦게 배운 사진 찍기에 나이도 잊고 청춘의 한가운데를 걷는 느낌으로 산다.

비가 오다니! "망쳤다" 하늘이 내 마음을 이해하지 못해 속상했다. 우울한 마음은 혀끝에 닿아 있는 듯하다. 맛있는 해물 칼국수로 기분을 갈아 끼워본다.

달리는 차 창에 부딪히는 빗방울이 나를 따라오며 노래를 한다. 창밖을 응시하다 무심코 비 오는 거리를 찍어 본다. 비를 머금은 사진 속 풍경은 햇살이 맑은 날보다 색이 탁하다. 거리에서 오가는 사진에 담긴 사람들, 비에 젖은 길의 색과 형체의 경계선이 분명치 않다. 제멋내로 널브러져 섞여 있지만 사진 속의 이야기들은 하나가 된 듯 더 깊은 사연을 전해준다.

햇살 담은 사진이 서양화 정밀화라면, 빗속 사진들은

미지의 자연 세계를 소제로 삼은 수채화 느낌이다. 비 오는 날의 수채화는 생각에 잠기게 하는 힘이 있다. 바라보고 그리워해야 할 대상을 아른거리게 해 감상에 젖는다.

 카메라 렌즈의 요술을 알게 된 후 나의 삶은 풍요로워졌다. 사람들은 슬픈 일을 겪을 때마다 그것을 극복하기 위해 눈물을 흘리며 마음에 한 폭의 수채화를 그려 넣는다. 나는 카메라 뷰파인터를 통해 다양한 삶들을 들여다보며 인생을 그려내고 있다. 때로 굴곡진 삶의 굽이굽이 담긴 사연을 만날 때면 나도 모르게 젖어 들어 속상하고 서운해서 눈물이 흐른다.

 우리는 아파서 휘청거리고 슬퍼서 어쩔거린다. 몇 달 동안 나와 가장 가까운 거리에 있는 벗과 지인이 하늘의 별이 되었다. 눈물을 찔끔거리지 말고 '울고 싶을 때 펑펑 울어라' 안개가 내게 하는 소리로 들리는 듯하다.

 슬픔에 빠진 사람이 카메라라면 그의 마음 상태는 렌즈일 것이다. 그가 흘린 눈물은 렌즈 위에 내린 빗방울이다. 빗방울에 그려진 그림들은 세밀화가 아닌 수채화다. 가슴 속 사연을 '슬픔'이라는 메시지로 버무릴 때 빠르게 극복할 힘을 얻게 된다.

살다 보면 우리 눈에 비가 오는 날이 있다. 그런 날이면 눈물이 마음껏 수채화를 그리도록 놔두자. 아른거리는 안개 속에 나를 담가보자. 곧 찬란한 아침 햇살이 안개를 거둬 줄 것이라는 희망을 가슴 속에 품고 말이다.

석양빛 노을이 물드는 서해 바다가 보이는 카페에 앉았다. 풍경을 바라보며 가는 세월을 붙잡고 있노라니 나도 너도 아픈 마음이 파노라마처럼 흐른다.

잡초

교대역 앞에는 비가 오나 눈이 오나 행인을 붙잡고 말을 거는 여인들이 있다. 정성 들여 단장한 얼굴이 조금 고단해 보인다. 전철역을 향해 가는 내게 언제나 반갑게 인사를 하며 전단을 내민다. 언제 만난 적이 있던가. 실례할까 봐 나도 살갑게 인사를 받아주며 그녀들의 인생에 동조해본다.

간절한 어조로 근처 어디엔가 잠깐 들렀다 가지 않겠느냐고 한다. 그날 약속에 늦을 것 같아 "미안해요. 다음에 봐요" 하고 빠른 발걸음으로 멀어져 간다. 그 일이 있은 후 또 다른 여인이 나를 붙들고 한번 도와 달라고 했다. 아파트 분양 선전 안내 여인들이었다. 주변에 열 명 이상

되는 여인들이 행인을 붙잡고 길을 막았다. 하나같이 분양 사무실에 들러 보고 가면 안 되겠냐고 간청했다. 난 이미 여러 번 그녀들 권고에 응한 일이 있었다. 아파트 분양에 관심이 있었다기보다 그녀들의 삶에 도움이 되는 것 같아 동행했었다. 분양 사무실에는 남자들이 분양 계약을 유도하느라 온갖 친절로 회유를 했다.

  그 후가 문제였다. 인적 사항을 적어 놓았더니 사무실에서 매일 분양 계약하라고 전화가 빗발쳤다. 그 여인들이 아무리 상냥하게 굴어도 응할 수가 없었다. 내가 3호선 역을 향해 걷는 날이면 어김없이 나를 붙잡는다. 처음에는 교양있게 거절하곤 했다. 바쁜 시간 약속에 총총걸음으로 역사로 향할 때 그녀들이 따라오면 나도 모르게 억세게 거절하곤 했다. 그런 날은 온종일 내 마음이 언짢았다. 이런 일이 2년여간 계속되었다. 하루는 그 여인들이 한 사람도 눈에 띄지 않아서 어찌 된 일일까, 하고 주변을 두리번거렸지만 길이 조용했다. 문득 성가시던 마음은 어디로 사라지고 이 여인들이 모두 어디로 갔을까 궁금했다. 그녀들이 먹고사는 일에는 문제가 없을까. 마음 한편이 아려 왔다.

그 여인들은 생계를 위해서 거리로 나왔을 것이다. 모두 착한 어머니요, 아내이지 않을까. 시금치 한 단이라도 사서 식탁에 올리고 싶은 마음으로 아르바이트를 하지 않았을까. 아르바이트해서 번 돈으로 일터에서, 학교에서 돌아온 식구들에게 따뜻한 밥상을 올리며 그녀들의 마음은 풍요로워졌을 것이다.

내가 성가시더라도 한 번 더 전시관에 가 주면 그녀들에게 도움을 줄 수 있으리라 마음을 먹은 날 여인들이 사라진 것이다. 서로의 삶을 보듬어 줄줄 아는 사람들이 이 세상을 풍요롭게 만든다.

바빠서 줄행랑치느라 그 여인들의 권고를 뿌리친 내 마음은 잿빛이 되었다. 분양 사무실 관계자들은 자기네 욕심만 채우지 말고 여인들의 인권도 생각해야 한다. 그녀들은 나쁜 짓 하지 않고 노력해서 가족을 부양하려는 일념뿐일 것이다. 거리에서 부끄러움도 참고 생활전선에 뛰어든 모습은 측은지심을 불러왔다. 온당한 일자리를 얻어 정당한 보수를 받는 길이 열리기를 바란다. 경제 대국 10위에 자리 잡은 나라에서 부끄러운 일이라는 생각이 들었다. 누구나 열심히 일하면 행복하게 사는 것을 보장받는 사회가 빨리 되었으면 좋겠다.

  클로버가 잔디 위에 자리를 잡으면 잡초지만 다른 곳에 자리를 잡으면 초록빛 뜰이 되고 사랑스러운 반지꽃을 피워내게 된다. 세상을 바라보는 시선에 따라 다양한 사람들이 모여 사는 곳에서 꽃밭의 꽃이 될 수도 있고 잡초가 될 수도 있다.

봄놀이

 집 앞 화단 나뭇가지를 오가는 까치하고 놀던 봄 햇살이 나를 부른다. 봄볕이 그리워 창문을 열자 상큼한 봄 내음이 코끝으로 스며든다. 해바라기를 해보려 눈을 찡그리며 하늘을 바라보니 파란 하늘에 흰 구름이 그림을 그리고 있다.
 모처럼 오늘은 집에서 쉬려고 느슨하게 시간을 조율하니 소소한 것들이 보인다. 평소에 책상을 정리 정돈해야 뭔가 할 수 있던 습관도 나이 따라 탄력적으로 움직이는 모양이다. 책상 위에 늘어놓은 잡동사니가 내 손을 기다리고 있는 것이 나를 움직이게 하지는 않는다. 오늘은 그냥 두기로 했다. 오카리나를 꺼내서 "눈이 큰 아이"를 불어본다.

　내가 어쩌다가 이렇게 한심한 여자가 되어가고 있을까. 혼자 살아도 삶의 질서를 무너뜨리면 안 될 텐데. 마음속으로는 자꾸만 게을러지는 나를 용서할 수가 없다. 손 하나 까딱하기 싫다는 친구들 이야기를 농담으로 들었는데 나도 어쩔 수 없는 모양이다. 시속의 혼탁에 묻혀 살고 있다.

　언젠가 친구가 나들이 가서 찍은 선글라스를 쓴 내 사진을 보더니 예쁘다고 했다. 다음부터는 사진 찍을 때 선글라스를 쓰고 찍으라는 말에 고독해진다. 나는 얼굴에 뭔가를 바르거나 모자를 쓰거나 선글라스를 쓰고 변신하는 것을 싫어한다. 친구들이 선글라스로 변장할 것을 주문한 것은 알고 보니 내 눈이 작아 선글라스로 작은 눈을 가려보라는 것 같았다. 순간 외모를 창조하기 위해 고독해져 볼까 생각했지만 바뀌지 않을 것 같다. 짠 음식을 먹은 다음 날 내 얼굴은 부석부석해져 눈이 아주 작아진다. 그러나 나는 여전히 짠 음식을 즐겨 먹는다.

　지금까지 살면서 남이 가진 것을 부러워 탐해본 것이 몇 안 된다. 그중 한 가지는 눈이 큰 사람이다. 눈은 사람의 마음과 연결하여 이해하는 사람들이 많다. 눈이 큰 사람은 눈빛으로 노출하는 마음이 순수해 보여서 부러웠는지도 모른다. 그러나 내 눈은 작아도 남보다 더 잘 보는 편이다. 작은 눈이라 집중해서 볼 수 있어 다른 이의 좋은 점을 쉽게 발견한다. 나의 작은 눈이 보배처럼 느껴지는 순간이기도 하다. 오늘 같은 날은 내 작은 눈에게도 휴식을 주고 싶다. 시간의 구애를 받지 않고 멍때리는 것도 소중하다고 생각한다.

작은 내 공부방에 조용히 앉아서 유리창으로 들어오는 햇살과 함께 좋아하는 음악을 듣는 지금 가장 나다운 모습이다. 저녁나절 햇살을 등에 지고 집으로 돌아가는 새들처럼 배가 고파 부엌을 어슬렁거렸다. 밖에서 빗자루로 아파트 화단 앞을 쓸고 있는 경비원 아저씨의 수고가 내 감성을 자극한다. 저녁에 경비를 서는 아저씨에게 밤참으로 찰떡을 따뜻하게 쪄서 드려야겠다는 생각에 부지런을 떤다.

게으름을 따돌리고 손질할 겨울옷들을 분류하고 무거운 스웨터는 차곡차곡 개어 장롱 깊숙이에 넣는다. 달밤에 체조하는 기분이다. 겨우내 입은 패딩을 손 빨래하니 깨끗해져서 좋다. 계획 없이 봄맞이 집안 정리를 속성과로 끝냈다.

　서쪽 하늘을 붉게 물들이며 사라지는 햇살을 보노라니 〈혼자 보아도 되나 정말 그래도 되나〉 하는 시구가 떠오른다. 혼자라는 고독이 주는 완벽한 달콤함을 즐기는 나에게도 예술가의 정서가 흐르는 것일까. 보통 사람의 잘 먹고 잘사는 것과 다른 행복이다. 나에게 또 하나의 봄이 찾아왔다.

겨울 산책

나는 마음이 스산할 때면 산책길을 걷는다. 겨울나무에 초저녁달이 걸렸다. 푸르스름한 하늘빛이 시리도록 아름다워 나를 슬프게 한다. 그런 날 밤에는 별빛이 내 가슴속까지 스며든다. 마시는 찻잔에 어리는 윤슬이 낯설다.

여고 시절 우리 학교 건물은 빨간 벽돌색이었다. 대학 입시를 앞둔 겨울 방학 과외를 마치고 귀가할 때 빨간 벽에 비친 엷은 노을빛이 내 마음을 들여다보는 것 같았다. 가벼운 바람이 얼굴을 스쳐 지나가는데 왠지 모르게 눈물이 핑 돌았다. 열아홉에서 스무 살로 가는 고갯길이 참 낯설었다. 아무것도 이룬 것 없이 세상을 향하여 걷고 있는 미래가 어스름한 땅거미 같아 두려워진 탓일까. 뿌연

안개로 덮인 앞날, 스무 살의 봄이 화사하지 않았다. 대학 입시라는 커다란 두려움 탓일까. 꿈은 언제나 현실과 동떨어진 느낌이 들곤 했다.

나는 마음이 무거워지면 몸에 반응이 나타난다. 결혼하고 집안일에 치이다 보니 나를 돌아볼 여유가 없었다. 올 설 명절 연휴에 몹시 아팠다. 며칠을 앓고 나니 엄마 걸음이 달라졌다며 딸아이들 걱정이 태산이다. 구부정한 허리에 휘청거리는 내 모습이 영 낯설다는 것이다. 아이들이 출가하고 남편마저 차안의 세계로 떠난 지금 나에게 명절은 문화 관람하기 좋은 시간이다.

설 전날, 덕수궁에서 열린 "가장 진지한 고백, 장욱진 회고전"을 보러 혼자 집을 나섰다. 기력이 없어 걷기가 힘에 부쳐 주저앉고 싶었지만, 화가를 만나고 싶은 마음이 나를 잡아끌었다. 몸의 말을 듣지 않고 무리를 한 것일까. 드디어 올 것이 왔구나 하는 생각이 나를 우울하게 했다. 집안에서만 지내야 하는 날이 머지않은 느낌이었다. 그래도 몸의 말을 꾹꾹 누르고 덕수궁으로 향했다.

청명한 덕수궁 하늘빛이 고색창연하여 에너지를 충전해 주는 것 같았다. 장욱진 화백의 그림 〈고향〉〈어머니〉〈고목〉〈가족 사랑〉〈그리움〉은 내 어린 날의 동화가 떠오르게 했다. 삶에서 우러나오는 사랑, 희망의 싹을 전해주는 따뜻한 이야기를 소재로 그린 그림은 내 가족들과 지내던 추억도 떠오르게 했다. 마치 우리 가족의 이야기를 하는 듯했다. 고향 땅을 둘러본 듯하고 사랑하는 아버지 어머니 형제자매들이 부둥켜안고 잠자는 꿈을 꾸는 듯했다. 몸살 기운에도 다녀오기를 참 잘했다. 올겨울 몇 안 되는 의미 있는 나들이였다.

 겨울에서 봄으로 갈 때면 서산으로 넘어가는 노을빛이 쓸쓸하다. 문득 먼 곳 떠난 언니도 눈에 어리고, 바삐 지내는 딸아이들도 뇌리에 스친다. 오늘은 장욱진 그림을 보는 것으로 위로를 받아서인지 붉은 노을빛에도 혼자라는 쓸쓸함이 사라졌다. 예술가의 사명이라고 큰 소리를 낼 것 없이 그냥 그리고, 쓰다 보면 다른 사람 마음 깊숙이에 울림을 줄 수 있지 않을까. 서투른 내 필력에도 힘이 가는 듯했다.

 겨울 저녁 산책 후에 마시는 커피는 철학이 된다. 겨울 햇살이 찻잔에 어리어 혼자만의 낭만에 빠져든다. 그동안 무시무시한 임플란트 시술도 끝나가고 몸살도 이겨내고 곧 상춘객들 입소문을 통해 홍매들 이야기도 들려 오겠지.

단짝 친구 홍매들도 봄나들이 가자고 나를 설레게 할 텐데 내 몸이 약속을 잘 지켜주려나. 오늘은 하늘빛이 나에게 웅숭깊은 에너지를 선물하며 기울어가고 있다.

나그네의 밤 노래

　새벽 물안개에 어머니 버선발이 아스라이 어린다. 춘천 골프장을 향해 새벽같이 달리는 북한강 강변이 좋아 좋아 하지도 않는 골프를 치러 춘천에 드나들었다.
　남편은 골프를 좋아했다. 골프를 새벽 첫 시간에 맞춰 치기 시작해야 돌아올 때 길이 막히는 고생을 하지 않는다고 했다. 그 덕에 춘천으로 가는 북한강 물안개는 나를 심연으로 빠져들게 했다.
　나는 운동을 좋아하지 않아 남편 하자는 대로 따라다녔다. 봉급생활하는 아녀자로서 골프운동은 내게 어불성설이라고 도리질을 하곤 했다. 골프 복장 신발 등 갖추어야 할 물건이 만만치 않았다. 남편이 데리고 간 골프용품 매장에서 제일 저렴한 것으로 샀다. 골프화도 저렴한 것으로 샀다.

난 운동을 좋아하지 않았지만 운동 신경은 있었는지 홀인원도 했다. 뜻밖에 홀인원을 하는 바람에 발톱이 문제를 크게 일으키는 것도 몰랐다. 저렴한 가격에 혹해서 산 골프화가 종일 발이 붓는 통에 엄지발톱을 짓누른 것이었다. 저렴한 골프화로 사겠다며 고집을 부린 탓에 발톱이 아파서 절뚝거리며 걸어도 아무 소리 하지 못했다. 그때 얻은 발톱 병은 아직도 고질병으로 고생 중이다.

아파트 앞 뜨락을 지나는데 어디선가 은은한 향기가 나를 반겼다. 올봄에 우리 동 주민이 옮겨 심었다는 연분홍 동백꽃이 보내는 봄 향기다. 꽃잎 노란색 꽃술 안에 검은 점박이가 숨어 있다.

꽃 속에는 웃는 엄마 얼굴이 어른거렸다. 어머니는 젊을 때부터 발톱 문제로 고생을 하셨다. 아버지하고 부부 모임이 있는 날이면 버선 신으실 때 힘들어하시던 모습에 마음이 아려온다. 버선을 신은 발이 아파 주저앉으면 연분홍 갑사 치마저고리가 구겨지곤 했다. 자그마해 예쁜 어머니 아픈 엄지발톱에 까뭇한 점박이가 있었다.

며칠 전, 십여 년 만에 홍콩여행을 했다. 삼대 모녀가 하늘길에 나섰다. 딸아이는 "엄마 기분 내세요. 예쁜 옷도 챙기시구요." 나는 여행할 때 옷을 항상 구겨도 아깝지 않은 허름한 옷으로 준비해 간다. 딸애는 엄마 그런 옷밖에 없어요? 핀잔 아닌 핀잔을 듣곤 한다. 이번에는 신상품으로 거의 새 운동화를 준비했다. 홍콩 곳곳을 구경하려면 발이 편해야 하고, 사진에도 예쁘게 나와야 해서 신발에 신경을 썼다.
 첫날은 보고 싶은 곳을 찾아다녔고, 맛집에도 들러서 즐거운 하루를 지냈다. 두 번째 날은 1967년도에 살던 집에 가보았다. 그 외에는 별로 흥미로운 일이 없었다. 애들이 자잘한 물건 쇼핑하는 데 따라 다녔다. 차츰 발톱에 통증이 신호가 왔다. 모양만 보고 딱 맞는 운동화를 종일 신었으니 볼멘소리를 내기 시작한 것이다.
 딸, 손녀가 내가 절룩거리는 모양을 눈치챌세라 입을 꾹 다물고 신나게 걸었다. 애들이 마냥 즐겁게 기웃거리는 쇼핑센터에서 앉을 자리만 찾아 두리번거렸다. 손녀 재원이가 할머니 운동화 하나 새로 사드릴게요. 이 말 한 마디에 내 마음이 눈 녹듯이 녹아내렸다. 아냐 할머니 괜찮아 견뎠다. 기어이 아유 나 아이스티 마시고 싶다며 카페에 가자고 했다. 멋진 카페에 들어갔다. 실내 장식이 화려해서 비쌀 것 같았지만 더 걸을 수 없이 아파서 따라갔다. 비싼 것 내가 사면 된다는 생각에,

영국 티로 유명한 카페였다. 티나 커피만은 안 판다. tea time으로 세트메뉴를 보니 1인당 한국 돈으로 12만 원이다. 비싼 아이스티를 마시고 나니 발걸음이 한결 가볍다고 하니 나도 애들도 배를 잡고 깔깔 웃었다. 싼 운동화하고 12만 원짜리 아이스티하고 맞바꾼 기분이었다. 서울에 있는 딸들에게 코미디 에피소드를 이야기해 주었다. 아낄 것을 아끼시라고 야단맞았다.

어머니가 발톱 고생하실 때 약 한번 발라드리지 않은 나는 참 무심한 딸이었다. 손녀만도 못한 딸, 어머니 가슴에 그려진 숯검뎅을 어찌해야 지워드릴 수 있을까.

이 빠진 찻잔

올해 유난히 무더운 날이 계속되더니 불청객 찾아왔다. 종일 에어컨에 노출되어 냉방병으로 몸살을 앓았다. 어릴 때 어머니가 달여주시던 쌍화탕이 생각났다. 쌍화탕은 질그릇 약탕관에 뭉근하게 달여야 진한 맛이 우러난다.
 쌍화탕은 질그릇 찻잔과 잘 어울린다. 옛 정서를 느끼려면 질그릇 하나 장만해야 할까. 인생 마무리할 시기에 지나친 욕심이다. 더위에 지쳐 오락가락한 이 돌연함에 스스로 어리둥절해진다. 창밖 화단을 보니 폭염에 시달리던 바위들도 부서져 내리는 느낌이다. 그러나 며칠 사이에 밤이 길어지고 낮이 짧아졌다. 가을이 올 모양이다.
 가을은 사람들을 본래의 자기로 돌아오게 하는 계절이

다. 그것은 새삼스러운 자신의 발견이 아니라 내가 여기에 머물고 있구나 하는 인식이다. 가을에 나는 내 삶이 꽉 차 있기보다 조금 비어있기를 바란다. 그 여백이 삶을 더 풍요롭게 한다는 생각이다. 문득 "삶은 잊힌 간밤의 한 토막 꿈에 지나지 않는다."라는 말이 생각난다. 나이가 들수록 단순하게 살고 싶어진다.

 우리 가족은 동지선달 생일을 맞는 사람이 여럿 있다. 시모님, 남편, 큰딸, 큰 사위 그리고 나. 동짓달 생인 나는 매화꽃을 참 좋아한다. 봄이라는 필명을 쓰는 이유도 봄을 알리는 매화가 좋아서다. 내 정서도 봄처럼 우주의 생동하는 기운을 몸에 채우려 다양한 취미를 즐기는 편이다. 봄 뜨락에 축축한 습기를 머금고 있는 흙 한 줌을 쥐어 코 가까이에 대보면 으깨진 풀꽃 썩어가는 가랑잎들이 독특한 향기를 낸다. 그 향기는 내 안에 쾌락으로 녹아드는 느낌을 준다. 더욱 확실하게는 내가 살아있다는 확신과 기쁨을 가져다준다. 봄에 순수하게 피어나는 꽃처럼 나는 자연스러운 환경을 좋아하는데 결혼은 나를 옥죄는 느낌이었다.

 신혼 때 낯선 시댁은 친정 분위기하고 달라서 작은 일

이 닥쳐도 불안했다. 마음속으로 "다 잘 될 거야" 주문을 하면서 지나가기를 바랐다. 시댁 살림살이에 익숙하지 못할 때 시모님이 몸살을 앓으셨다. 연탄 아궁이에서 밥을 짓고 국도 끓이던 때였다. 가사 일을 전혀 해보지 않고 시집을 온 터라 약탕관을 잘못 다루는 바람에 이가 빠지고 약물도 흘렸다. 시모님은 아무 말 하지 않으셨지만 나는 몸 둘 바를 몰라 쩔쩔맸다. 퇴근한 남편에게 약탕관을 깨트렸다고 말하며 눈물을 흘리자 "뭘 울어 괜찮아. 내가 사다 줄게"라고 마음을 다독여 주었다. 행복은 조건의 충족이 아니라 마음으로 느끼는 것이다.

 6년 후, 남편 직장 따라 홍콩으로 이사를 했다. 크리스마스 시즌 세일을 하는 영국백화점에 갔다. 빠듯한 살림을 꾸리던 나는 큰맘 먹고 비싼 영국제 본차이나 찻잔 열두 세트를 샀다. 일 년 열두 달을 꽃 그림으로 장식한 찻잔이다. 꽃 그림이 얼마나 예쁜지 내가 아끼는 보물 중의 하나가 되었다.

 80세를 넘기면서 살림살이를 많이 정리했다. 내 보물 찻잔은 12월을 의미하는 찻잔만 남기고 모두 딸에게 주었다. 12월은 남편 생일 내 생일이 함께 든 의미 있는 달이다. 매일 아침 커피 한잔을 담아 찻잔을 기울이면 보고 싶은 사람들 얼굴이 떠오른다. 오래되어 색깔도 낡아 제 빛을 잃어버리고 이가 빠져 모양도 안 나지만 찻잔에 그리운 얼굴이 들어있어 그대로 사용하고 있다. 1973년부터 나와 동행한 12월 찻잔은 지나온 내 삶을 고스란히 들여다보고 있는 느낌이어서 살가운 정이 느껴진다. 쌉싸래하고 다디단 커피를 넣고 저으면 그리운 사람들 얼굴들과 내 삶을 꽃피웠던 시간이 주마등처럼 스쳐 지나가 시간여행을 해서 좋다.

서늘한 가을 기운이 드니 여름을 견뎌낸 능소화의 불꽃같은 주황빛이 가을 하늘과 어울려 한 폭의 그림을 그리고 있다. 그 옆에 찻잔을 기울이는 나도 그림으로 들어간 느낌이다. 행복해진다는 것은 하나도 부끄러운 일이 아닌데 남편이 먼저 떠나고 이 빠진 찻잔 모습인 내가 인생의 가을을 욕심으로 쓸어 담고 있다.

낯선 그리움

　감정은 기억이라는 자양분을 빨아들여 풍요로워진다. 팔순을 넘으니 잊혀진 옛 생각이 가는 길을 막는다. 기억이라는 토대 위에 삶을 세운 까닭이다. 현재를 사는 것이 아니라 과거를 살아가고 있는 느낌이다.
　며칠 전까지 두 달 동안 앓아누워 꿈쩍하지 못했다. 가장 두려웠던 것이 기억을 잃으면 삶을 통째로 잃어버리게 된다는 생각이었다. 이제는 인생 마무리 단계에 이르렀다는 것을 부인할 수가 없었다. 최소한의 삶도 꾸릴 수 없는 시간이 다가오는 것이 느껴졌다.
　인생에서 생로병사의 질서를 피해갈 수 없는 것 아닌가. 문득 방안에 쌓여 있는 물건들이 거추장스럽게 느껴졌다. 고가 품이라도 잘 쓰지 않는 물건과 옷을 정리하기 시작했다. 케케묵은 사진첩에서 시집올 때 입은 한복 사진이 나왔다. 함 받던 날 색동저고리에 다홍치마 사진이 돌아갈 수 없는 시절로 나를 안내했다. 친구가 보내온 빛바랜 양귀비꽃 사진도 나를 귀환하게 했다. 양귀비꽃 사진을 보는 순간 가슴이 뭉클했다. 어머니가 만들어 주신 다홍치마와 함께 오버랩되어 숨이 탁 막혔다. 나이가 들면서 좋아하는 색상도 변하나 보다. 검은색에서 초록색으로 늘그막에는 다홍색이 좋아졌다.

　어제 옷장을 정리하다 꽂힌 사진 속 양귀비가 생각나 노스텔지어가 되어 어디론가 떠나고 싶었다. 어쩌면 정신과 의사가 진찰했으면 멜랑콜리아로 진단했을지도 모른다. 나는 사진작가 친구에게 양귀비꽃을 보러 가자고 졸랐다. 친구가 양평 물의 정원으로 안내해 눈빛에 붉은 물이 들 정도로 양귀비꽃을 보고 왔다. 다홍색에 매료되어 한낮 땡볕이 따가운 줄도 모르고 양귀비꽃을 휴대폰에 담았다.

　출사를 많이 다닌 친구들은 그늘에 앉아서도 양귀비를 멋있게 찍었다. 나는 얼굴이 새빨갛게 익도록 양귀비꽃과 햇볕에서 종일 놀았다. 해거름에 매혹적인 양귀비꽃을 등지고 나오며 어머니를 만나고 돌아가는 느낌이었다.

  누구나 어린 시절을 장밋빛 기억으로 회고하는 것일까. 그래서 사람들은 노년이 되면 먼바다로 나갔다가 회귀하는 연어처럼 고향으로 돌아갈 꿈을 꾸는지도 모르겠다. 요즘 들어 걸핏하면 달콤하고 씁쓸한 어린 날의 추억에 젖은 채 허우적대곤 한다. 나도 머리 누일 곳을 찾고 있다는 생각에 머문다.

6

산다는 것이 무엇일까

심윤보 作

고목

장욱진의 그림 고목에서 나를 보았다.
오랜 세월의 타령이 우람한 나뭇가지에 걸려있다.
한낮 햇살이 가지에 내려앉아 잠시 쉬었다 간다.
잘생긴 나무 아래에 그늘이 드리워지면
고목에 새들이 놀러와 수다방이 된다.
꽃도 오고 구름도 오고 바람도 쉬어가는 정원에서
나도 고목으로 산다.

산다는 것이 무엇일까

발뒤꿈치를 문 빈대도 살생 마라
빈대에게도 젖을 물릴 새끼들이 있을 테니

길가의 핀 들꽃도 밟지 마라
향기가 아파할 테니

단 일 회의 편도 여행 그것도 인생아닌가

봄날 아침

지난밤 유리창을 흔드는 비바람에
잠 못 이루며 뒤척였네
봄 잠에 취해 날이 밝은 줄 모르다
재잘대는 새소리에 잠에서 깨어났네

지나온 세월에 흔들린 내 청춘의 꽃
비바람 맞고 휘어지는 법을 알아
석양길에 홀로 선 나와 옹골진 몽우리들
올해는 몇 송이나 꽃으로 피어날까

상춘객

봄이면 꽃을 찾아다니는 사람들 얼굴에도
꽃이 핀다. 한때는 마음속에 소중하게
자리 잡았으나 크고 작은 오해로 멀어진
사람들을 나는 꽃 속에서 찾는다.
좋든 싫든 교류하며 관계를 맺었던 시간
속에는 지나간 인생의 꽃들이 피어있다.

내가 떠다니는 구름처럼
자유로운 영혼을 꿈꿀 때였다. 봉은사에
홍매화가 돌아왔다는 소식에 만나러 갔다가
꽃에 매달려 카메라에 담는 그의 모습에 반했다.
그에게 궁금증이 생길 즈음 내 나이를 물어왔지만
그의 친절을 웃음으로 넘겨버리고 말았다.
내 마음은 너무 빽빽하여 시야가 좁고 여유 공간이
없었고 타인에게 반응하는 속도마저 너무 느렸다.

삶의 여백처럼 다가온 그가 내 마음 높이가 차오를
때를 기다리지 못하고 홍매화 꽃잎이 흩날릴 때 우리는
서로의 상춘객이 되었다

밤에도 어둡지 않은 홍매화 그늘 아래에서
사랑은 서로의 삶을 포개는 일이라는 생각을 한다.

꿈길

빨강 꽃 송이송이
눈에 어려 그려 보니
동백꽃 꿈이어라

늙은 아내
꽃그늘 아래 세워 놓고
담고 담아도 곱지 않아
지우고 또 담고

노랑 꽃술 아내 보듬은
빨강 꽃잎 그이
세월따라 가버렸네

평론

세월의 미학 金宇鐘

박현경론

— 전 덕성여자대학교 교수, 문학평론가, 화가, 은관문화훈장, 현재 '창작산맥' 발행인

심윤보 作

세월의 미학
-박현경론-

金宇鐘
전 덕성여자대학교 교수, 문학평론가,
화가, 은관문화훈장, 현재 '창작산맥' 발행인

1. 스스로 켜는 인생 등불

박현경의 작품 세계는 참 밝다. 객관적으로 주어진 세계가 밝기보다는 작자가 인생의 주체로서 보고 만들어나가는 세계가 밝다. 이것은 인생 철학적 의미로서의 밝은 세상이다. 일제강점기에는 애들의 동시 동요까지도 매우 어두웠다. 어른은 물론 더 심각했다.

광막한 광야에 달리는 인생아
나의 가는 곳 어데이냐

뮤지컬 〈사의 찬미〉에서 흘러나오는 가사인데 이것은 실화다. 1926년 8월 4일 새벽에 관부연락선을 타고 가던 윤심덕과 김우진은 세상을 비관하고 현해탄에 몸을 던진다. 애정 관계지만 그 배경은 일제 식민지로서 역사적 암흑시대다. 사방에 나부끼는 일장기는 태양을 나타내지만, 그것은 우리에게 "광막한 광야를 달리는' 캄캄한 밤의 상징이었다.

아니 이런 역사적 환경이 아니라도 우리에게 운명적으로 주어진 인생은 스스로 등불을 켜지 않으면 대체로 밝지 못한 것이 철학적 사색의 인생관이고 세계관이다. 지난 세월을 회고하고 저녁노을을 바라보며 박현경이 그린 수필세계는 윤심덕과 김우진의 광막한 광야를 거부하며 부정을 긍정적 낙관주의적으로 밝힌 세상이며 또 그래야만 된다는 의지를 그린 세상이다.

우리는 학업의 성취를 형설(螢雪)의 공이라고 표현했다. 주경야독하는데 등잔 기름이 없으니 여름에는 반딧불이로 겨울에는 흰 눈에 비춰가며 책을 읽었다는 것이 주경야독이다. 박현경 작가가 주경야독했다면 반딧불이를 5만 마리 이상 잡아다 놓고 밝힌 세상이다. 반딧불이 한 마리의 명도가 3룩스이며 사무실 하나를 밝히려면 500마리가 있어야 한다니까 그렇다.

작품마다 다르기는 하지만 큰 차이 없이 박현경의 세계는 밝다. 그것은 작가의 가치관일 뿐만 아니라 소재 자체도 어두운 사회적 역사적 현실이 아니다. 〈아랫녘에서 만난 페르소나〉는 그런 긍정적 사고가 창의적인 회화적 기법으로 잘 나타나고 있는 수필이다.

〈아랫녘에서 만난 페르소나〉에서 작가는 친구들과 함께 동백꽃이 피는 오동도 쪽으로 봄나들이 간다. 그런데 첫머리에서 제비꽃이 나오고 매화꽃이 나오고 매화 수저가 나오고 매화 향기가 피어오르고 아랫녘으로 내려가면 동백꽃 산수유 등 이름난 꽃들이 작품 전체를 장식한다.

특별한 서사적 스토리는 드물고 마지막은 잘려나간 나무 그루터기에 앉아 있는 작가 자신이 동백꽃이라는 것으로 마감된다. 소설이 아니라도 여러 친구가 모인 자리이니 무슨 일이 벌어질 듯한데 그런 문학은 없다. 이야기가 아닌 산문 수필이다. 그냥 나무 그루터기에 앉아 있다는 것, 그가 동백꽃이라는 은유 한마디가 90을 바라보는 긴 세월의 드라마의 대단원이고 막이 내린다.

그렇지만 잘려나간 나무 그루터기에 작가가 앉아 있고 그것을 동백꽃에 비유한 것은 기발한 은유다. 80 너머 90의 8부 능선이 멀지 않다면 대장정인데 그 세월은 겨울에도 잎이 푸르고 동백꽃이 붉게 피며 정열이 넘친다. 이 작품은 이처럼 끝까지 밝게 젊게 긍정적으로 살아야 한다는 작가의 철학론이다.

문학은 철학과 달리 관념의 형상화로써 예술적 감동을 성취하는 것이므로 지극히 짧은 이미지로 명쾌하게 끝을 맺은 작법이 호감이 간다. 작품 기법은 다분히 회화적이다. 식장에서 나온 신부의 길게 늘어진 웨딩드레스와 길바닥에까지 꽃을 뿌리고 달리는 꽃마차처럼 작가는 서울에서 한반도 땅끝까지 전체를 꽃분홍으로 발라 버리고 맨 끝에 동백꽃 한 송이를 매달고 있는 나무 그루터기 하나를 설치했다.

잘려나간 나무 그루터기에 앉아 웃고 있는 동백꽃이 바로 나였다.
_〈아랫녘에서 만난 페르소나〉

2. Persona의 길

 그런데 여기서 '페르소나'의 의미를 재음미해 볼 필요가 있다. Persnal은 Persona에서 온 단어다. 페르소나는 물론 사람이란 뜻이지만 다른 무엇인가의 의도에 의해서 만들어진 사람을 의미한다. 그러므로 진짜가 아닌 가짜라는 의미가 숨겨져 있으면서도 남을 속이는 가짜가 아니다. 모든 인간은 태어난 다음 후천적으로 환경을 달리하며 새로 만들어진다는 것이다. 이 수필 속의 작가도 그렇게 만들어진 자아다. 나무 그루터기에 앉은 할머니지만 동백꽃 같은 새빨간 정열의 젊은이요, 스스로 만들어낸 여인이다. 실제로는 저녁노을이 짙어졌다는 고백이니 서글픔이 감지될 듯도 하지만 인생은 화가가 그려나가는 캔버스처럼 저녁노을이 봄날의 꽃분홍으로 바뀔 수 있다는 메시지를 작가가 전하려는 듯하다.
 박현경은 그런 수필가로서의 인간이다. 남의 말 신경끄고 자신이 창작의 주체가 되어 살아가고 만들어나가는 인생관을 그린 것이므로 그것은 하나의 오만이나 고집으로 읽힐 수도 있다. 이것이 〈나에게 보내는 감정〉이나 〈가고 싶은 길〉에서는 이렇게 나타난다.

'시시하게 살고 싶지 않다'라는 것은 내가 살면서 쌓아 올린 자존심의 등대다. 어려서부터 관심 밖에 있는 것에는 집중하지 않는 성격이라 세상 물정에 아둔하다는 말을 듣곤 했다.
_〈나에게 보내는 감정〉

이렇게 '세상 물정에 아둔하다'라는 말은 이미 알려진 편한 길이 있는데 다른 길로 잘못 들어 고생하며 산다는 뜻이다. 그런데 남의 충고를 안 듣고 제 길만 고집하면 오만이다. 그것을 자존심이라 말하고 있으며 이 자존심은 자신이 곧 삶의 주체임을 말한다. 그것은 남들이 가지 않는 길이기에 모험이 되지만 당당하게 이 세상을 주인으로 사는 것이며, 90이 가까웠는데 90의 일반 개념을 깨부수고 봄의 매화처럼 산수유처럼 그리고 오동도의 동백꽃처럼 사는 것이 그것이다. 자신이 삶의 주체가 되면 겉치레를 거부해야 된다.

종일 꽃무릇이 나를 유혹했다. 꽃술이 꽃잎을 에워싸고 있어 함부로 가까이할 수 없는 그 무엇이 느껴졌다. 꽃과 잎이 만나지 못하는 슬픈 사연이 숨어 있어서 그럴까. 겉모습은 화려하지만 슬퍼 보이는 꽃에서 조르주 상드가 보였다. "사랑하기 위해서는 버릴 것이 너무 많더라"라고 한 상드의 고백처럼, 꽃무릇도 잎이 없이 고독하게 꽃대를 피워올린 모습이 닮은 듯했다.
_〈가고 싶은 길〉

3. 조르주 상드와 작가

영광 불갑사로 꽃무릇(상사화)을 보러 간 이야기다. 이미 앞에서 온 지면을 꽃 빛깔과 향기로 발라버린 회화적 기법을 봤는데 다른 작품들도 꽃 이야기가 많아서 참 밝고 화려하다. 우리 세상은 참 더럽고 아니꼽고 메스껍고 악취가 코를 찌르기도 하지만 작가는 이를 긍정적인 세계로 바꾸고 사랑한다. 첫 번째 수필집이 〈나는 사랑나무입

니다〉이듯이 이 작품도 사랑나무의 나들이다. 그리고 오염된 세상을 오염 그대로 수용하는 사랑이 아니라 이를 정화하고 어둠을 밝게 하는 사랑이다.

작가는 불갑사의 꽃무릇을 보면서 조르주 상드의 말을 인용하고 있다.

'사랑하기 위해서는 버릴 것이 너무 많더라'

박현경은 조르주 상드처럼 이 세상을 사랑하기 때문에 버릴 것이 많다. 장미의 덩굴 속에 손을 넣다 보면 가시에 찔리기도 하니까 사랑하려면 버릴 것도 많으며, 이렇게 동서양의 두 여자가 말하는바 버려야 할 것들은 다름 아닌 '겉치레'다. 자신이 인생의 주체가 되는 삶은 앞의 작품에서처럼 자기 가치관을 지키고 존중하는 자존심이고 그것은 오만일 수도 있고, 아집이라 비난받을 수도 있지만 그래도 멋있다.

조르주 상드와 박현경은 삶 자체가 물론 다르지만, 겉치레라는 위장술을 거부하는 인생관은 일치한다. 조르주 상드는 남장하고 다녔다. 여자는 꼭 치마저고리를 입어야 한다는 고정관념을 내던진 것이다. 그리고 참 연애를 많이 했다. 어우동에 비교될 만큼 많은 것은 전연 아니며 어우동의 소문도 위선의 금욕주의 체제에서 아디까지가 진실인지 알 수 없지만 조르주 상드는 기존관습과 관념에 매이지 않고 여러 남자와 사랑했다. 이 경우에 붙여진 '자유분방한 여자'는 남들이 붙인 이름이며 그녀는 그냥 자기가 인생의 주체가 되어 자유로웠을 뿐 사랑하던 사람과 헤어지는 사태에서도 품위를 유지한 여자였다.

박현경은 기존 가치관이 강요해온 겉치레를 용감하게 거부하고 자기감정을 존중했던 정열의 여인 조르주 상드를 꽃무릇에서 보고 칭송한 것이다. 다만 이렇게 칭송은 하고 있지만, 애정 문제에 있어서 실제적 삶은 조르즈와 전연 다를 것이다.

사실로 꽃은 생식기다. 무릇꽃은 그것을 음화처럼 들어내고 있다. 치마를 입지 않은 여자처럼 알몸 같은 줄기 끝에 새빨간 꽃술과 꽃잎만 달려 있기 때문이다.

작가의 일생은 이와 전연 다르고 상사화와 같은 비련의 주인공도 아니겠지만 거짓 꾸밈없이 교양과 품위와 정열의 작가로서 고매한 지성을 추구하며 인생 말년을 더욱 정열적으로 귀한 작품으로 불태우고 있는 것으로 나타난다.

4. 창작인으로 산다는 것

창작은 처음으로 만든다는 의미다. 문예 창작은 어떤 특정 작가가 처음으로 작품을 만들어내는 것이므로 자기만의 저작권이 보장된다. 그리고 창작은 그보다 선행되는 중요한 의미가 있다. 그것은 작품 완성만이 아니고 자아의 새로운 완성이다. 인간은 어머니 자궁에서 나오고 죽을 때까지 계속 미완성으로서 완성을 향한 질주다. 나쁜 말로는 누구나 모두 불량품을 수리하며 영원히 완성을 향해 달리다가 지치고 쓰러진다. 그 작업이 예술일 때는 더욱 그렇다.

자기완성을 위한 문예 창작인으로서의 박현경은 물론 학업과 함께 많은 경험과 독서 생활이 있었고 일상생활로서도 남들과 같은 유사품이 아닌 자기만의 세계를 구축해 왔지만, 집필과 발표는 인생 후반기부터인 것 같다.

5. 시간의 미학

　인생 후반기의 박현경 수필은 시간개념이 주요한 특성을 지닌다. 인생 후반기나 전반기는 시간 단위다. 인생 100년을 꼭 반반씩 나눈 50 대 50이 아니라 자식들 시집, 장가보내고 직장에서도 물러날 나이로 구분한다면 그 후반기의 시간개념은 서글픔의 감정이 짙다. 살갗은 메말라가도 꾹 짜면 눈물이 배어 있는 것을 알 수 있을 것이다.
　그런데 이 같은 시간개념 때문에 작품은 예술적 감동이 커진다. 흔히 말하는바 '놓친 열차는 아름답다'라는 예술성이다. 이미 떠나버리고 영원히 다시 만날 수 없는 것에 대한 미련이 장미꽃 가시처럼 가슴을 찌른다. 외과수술이 필요한 사고가 아니라 인간의 정서는 이것이 심미감을 유발한다. 그래서 지난 세월을 회고하는 작품은 그 소재 자체만으로 더 감동적인 수필이 된다. 자칫 그런 센티멘털리즘이 남발되면 통속문학이 되지만 박현경 수필은 대다수가 이 시간개념이 저변에 깔려 있다. 생활 경험이 주로 소재가 되는 수필이라면 이 작가는 누구보다도 긴 시간개념을 저변에 깔고 있는 셈이다. 그런 배경을 회화적 풍경

속에 담은 우수작이 〈빈 배〉다.

드넓은 바다, 하늘 위를 힘차게 날아오르는 갈매기가 나에게도 날개를 달아 주었다. 그 활기가 생의 환희와 전율을 느끼게 했다. 썰물 때 바닥이 드러나 쓸쓸한 갯벌 한 귀퉁이에 초라한 나룻배 한 척이 고즈넉하게 앉아 있었다. 어딘지 우울한 모습을 한 빈 배가 나를 닮았다. 사진에 담으니 보석을 얻은 듯 기분이 충일했다.
영종도 바다 구경보다 빈 배를 만난 행운에 자다가도 보고 또 보곤 했다. 빈 배는 고요하다. 스스로 조용하다. 험난한 파고를 넘었을 테고 잠잠한 물결이 다시 돌아올 것도 알 텐데 묵묵히 견디고 있다. 망망한 바다 건너 희망을 보면서 쓸쓸함도 삼키고 있을지 모른다. 썰물이 있으면 반드시 밀물의 때가 온다는 것을 믿고 기다리고 있는 것일까.
_〈빈 배〉

문장이 활달하고 힘차다. 그런데 그런 문장으로 그려진 빈 배는 "쓸쓸한 갯벌 한 귀퉁이에 있는 초라한 나룻배이며 우울한 모습이 작가를 닮았다고 한다. 문장은 밝고 힘차지만 우울한 작가를 닮았다는 표현에서 이 작가의 나이를 생각하게 된다. 작가는 물론 가족과 함께 행복하지만 이미 80을 넘었다고 스스로 고백하고 있으니 다른 가족과 시간개념이 다르다. 작가는 썰물이요 다른 가족들은 밀물이다. 물론 갯벌의 썰물은 되돌아오며 밀물이 되지만 인생의 썰물에 밀물은 없다. 가버리면 다시 돌아오지 않는다. 그래서 빈 배는 (미안한 표현이지만) 작가를 닮은 것 같으며 그래서 잃어버린 시간으로서 서글픔 아쉬움이 되고 그것이 심미감을 유발한다. 작가의 수필에는 이런 의미에서 시간의 미학이 자신도 모르게 자연스럽게 도입되어 예술성을 높인다. 그래도 이런 감상주의에만 빠질 수 없다. 작가는 역발상의 인생 철학을 심고 있다.

〈빈 배〉는 갯벌에 혼자 남아 있는 조각배다. 조각배는 분명히 바닷물이 다 빠져나가고 물고기들도 빠져나가고 게와 조개들도 갯바닥 속으로 많이들 숨어버리고 물이 빠져나갔으니 움직일 수도 없는 고립무원의 상태다. 이만큼 쓸쓸한 풍경도 드물다. 그렇지만 작가는 썰물의 쓸쓸함이 아닌 그다음에 찾아올 활기찬 밀물을 더 강조하고 있다. 미래에 대한 희망을 보는 시각이다.

> 빈 배가 고요한 마음으로 밀물의 때를 잃지 않기를 바란다. 영희도, 유 권사도, 나도 짝을 잃은 빈 배지만 도란도란 이야기 나누며 황혼으로 물드는 바다를 바라보고 있는 지금 누구도 부럽지 않다.
> _〈빈 배〉

이 작품의 말미는 이렇게 밝다. 그러면서 '누구도 부럽지 않다'라고 말하고 있듯이 저녁노을을 해돋이 같은 황금빛으로 바꾸고 있다.

클로드 모네의 〈해돋이〉가 연상된다. 모네는 처음부터 일출을 보고 〈일출〉을 그렸지만, 박현경은 일몰을 보고 있으면서 이를 활기찬 〈일출〉로 바꾼 것이다. 시간을 바꿔 놓고 있다. '누구도 부럽지 않은' 해피버스데이로 인생의 그림은 요술을 부린다. 실제로 모네의 황금빛 아침 하늘을 그린 작품을 보여주며 일출인지 일몰인지를 물으면 일몰이라고 헷갈리는 사람들이 있다. 붉은 해가 떠오르는 아침 하늘이나 붉은 해가 지는 노을빛 하늘이나 묽은 계통이기 때문에 역발상으로 시간을 뒤집어 놓고 인생 말년을 찬미해도 시비 걸 사람은 없다.

6. 원형적 언어의 미학

인생 후반기의 시간의 미학은 영원히 흘러가 버리고 추억만 씹고 살다 가는 인간의 비극적 숙명이 작품 저변에 깔려 있어서 이것이 심미감을 유발한다.

이와 함께 원형적 언어의 미학이 있다. 윤동주의 〈하늘과 바람과 별과 시〉에서 하늘, 바람, 별, 세 가지는 신화시대의 산물이다. '시'는 문화적 산물이지만 하늘은 원초적 신화시대부터 인간이 바라보던 하늘이고 그곳에 별이 있고 그 시대에도 일제강점기 때처럼 별이 바람에 스치우고 있었다. 그 사물은 음성기호로서 의미를 전한다. 그것은 약간의 변화는 있지만 '창천 하늘엔 별도나 많다.'의 별은 지금도 서럽던 시절을 영혼 속에서 상기시킨다. 그래서 〈

아리랑〉이 들려 오면 한 조상으로부터 살아온 민족의식이 나타난다. 그래서 신화적 원형이라 말한다. 그리고 그렇게 아득한 과거를 재생시키는 언어이기 때문에 강력한 호소력을 지닌다. 김소월의 문학도 그런 소재와 언어 때문에 심미감의 효율성이 높다.

〈창밖에 뭉그러진 삶의 곡선들〉은 비 내리는 풍경부터 시작되며 '비'가 원형적 언어로서 심미감을 형성한다.

> 비가 내린다. 차창에 어른거리는 빗속 거리 풍경은 영화 속 장면처럼 흩어진다. 우산 속 젊은 연인은 빗물에 그려진 한 폭의 수채화다.
> _〈창밖에 뭉그러진 삶의 곡선들〉

> 햇살 담은 사진이 서양화 정밀화라면, 빗속 사진들은 미지의 자연 세계를 소제로 삼은 수채화 느낌이다. 비 오는 날의 수채화는 생각에 잠기게 하는 힘이 있다. 바라보고 그리워해야 할 대상을 아른거리게 해 감상에 젖는다.
> _〈창밖에 뭉그러진 삶의 곡선들〉

이 작품은 '비'가 내리는 풍경부터 시작하고 그다음에는 꽃과 억새와 황혼이 나타난다. 처음부터 비가 내리기 때문에 작품 전체가 비의 원초적 감각을 전하기 쉽다.

그리고 작가는 카메라를 통해서 보게 되는 비 내리는 풍경과 맑은 날의 풍경의 차이를 말한다. "우산 속 젊은 연인은 빗물에 그려진 한 폭의 수채화다."고 말한 것은 수채화가 물을 흥건히 적셔가며 그리는 그림이니까 그렇게 되지만 '미지의 자연 세계를 소제로 삼은 수채화 느낌이다.'라고 말한 것은 '비'의 원형적 언어 감각 때문이다. '미지의 자연 세계'라 했으니 신비감이라 해도 좋은 것이며 그것은 아득한 신화시대의 잠재의식이 전해지고 있음을 말한 것이라 짐작된다. 인간 생명이 최초로 만났던 언어 또는 그 사물이 비이기 때문이다. 그런 특성 때문에 수채화라고 설명할 수 있다.

'비'는 원형적(Archetype) 소재로서 대중가요의 가사로써 특히 많이 쓰인다. 〈비 내리는 호남선〉〈비 내리는 고모령〉〈비 내리는 영동교〉 등 모두 그렇다. 그리고 문학이 서정성을 표출하며 독자를 매혹시킬 때는 더욱 그렇다. 약 50년 전인 70년대 초부터 베스트셀러가 되고 그 인기를 계속 유지해오고 있는 정호승의 〈슬픔이 기쁨에게〉도 그 속의 〈염천교 다리 아래 비는 내리고〉가 결정적으로 독자를 사로잡은 작품 중의 하나라고 짐작된다. 창밖에 비가 내리는데 농촌에서 올라온 어린 소년과 소녀들이 서울역 앞에서 방황하고 빈 기차가 염천교 다리 아래로 지나가는데 그 장면에서 독자의 가슴을 울리는 가장 큰 기능을 발휘한 소재는 추적추적 내리는 비다. 눈물의 상징이기 때문만도 아니다.

  비는 아마도 인간이 호모 사피엔스로 진화하기 전부터 그들의 영혼을 만들고 유전자를 만들어 주었을 것이다. 비는 하늘에서 내리는 눈물이요, 비가 내리면 멀리 가버린 누군가를 그리워하며 살아왔을 것이다. 비를 맞다가 동굴 속에서 오들오들 떨며 지내던 아득한 옛적 신화시대의 기억이 그 어휘에는 잠재되어 있다. 그래서 비는 슬픔의 원형적 심볼이 된다. 붉은색이 정열, 생명, 밝음 등을 의미하듯이 작가는 〈아랫녘에서 만난 페르소나〉에서 생명의 약동을 붉은색 동백꽃이나 매화로 나타냈으며 〈창밖에 뭉그러진 삶의 곡선들〉은 여러 형태의 비 내리는 풍경을 그려가며 슬픔의 서정성을 연출하고 있다.

7. 회화적 감각 예술

앞에서 말한 〈빈 배〉야 말로 멋진 풍경화지만 다른 작품들도 거의 회화적 기법이 작품의 예술적 우수한 감각으로 나타난다.

> 나는 꽃을 보면 그냥 지나치지 못하고 핸드폰 카메라로 사진을 찍는다. 아무도 눈여겨보지 않는 가녀린 꽃에 푹 빠지곤 한다. 들길에 은빛 머리칼을 휘날리는 억새도 나를 유혹한다. 황혼빛을 배경으로 휘날리는 억새 틈새에서 내가 보인다.
> _〈창밖에 뭉그러진 삶의 곡선을〉

이 글에는 휘날리는 은빛 머리칼이 있다. 작가는 황혼의 들길에 서 있다. 은빛 머리칼은 억새 풀이고 해질녘이니까 하늘은 노을빛이다. 노을빛에 은빛이 휘날리고 그 틈새에 자화상이 얼핏 나타난다. 작가가 언어로 만든 색으로 해질녘에 들길을 걷는 여인을 그리고 있는데 그것은 전체가 자화상의 이미지다. 캔버스에 색감을 발라가듯이 노년의 자화상을 그린 것은 앞에서 말한바 〈아랫녘에서 만난 페르소나〉다.

8. 세월의 미학

이런 기법은 특정 작품용이 아니고 자주 여러 작품에서 등장한다. 사진은 그림과 다르지만 시각 예술로서의 공통점으로 자주 함께 만나듯이 작가는 휴대폰 카메라로 촬영하기를 즐긴다. 그런데 보통의 어머니가 물려준 태어날 때 카메라로 찍은 영상들은 인화지가 축축하게 젖어 있는 경우들이 많다.

가을밤 하늘을 은하수가 수놓고 나를 초대하는 듯하다. 저 수 많은 별 중에서 나와 닮은 별이 있을까. 별 하나가 나를 행해 유난이 반짝인다. 몸 따로 정신 따로 노는 나이지만 별을 동경하는 마음은 여전하다. 밤길에서 요즘은 별친구를 자주 만난다. 주치의에게 걸을 수 있을 때까지 걸어야 산다는 말을 듣고 나는 말 잘 듣는 환자가 되었다.
_〈별 하나 별 둘〉

야경인데도 선명하게 찍힌 사진이다. 무수한 별 중에는 먼저 가버린 친구들의 얼굴도 보인다. 작가는 먼저 별이 되어 하늘나라로 떠나간 친구에게 오카리나 연주를 들려주기도 했다. 박현경 연주인데 아마 핸드폰 영상으로 전한 것 같다. 〈소양강 처녀〉라는데 내 젊은 날의 〈소양강 비 내리다〉가 연상되어 나도 젖어질 뻔했다. 작가는 함께 늙어가는 친구들끼리 얼굴의 검버섯을 보며 '꽃보다 곱네'라며 격려도 한다. 아름다운 노년의 그림인데 작품 밑바닥이 좀 축축하게 젖어 있다.

〈복 할머니〉나 〈가을 산책〉도 모두 아름다운 삶의 영상이다.

딸 낳고 딸이 손주 낳고 산후 구완하고 살아가던 이야기들, 이것은 모두 보통 사람의 보통 이야기들이다. 〈사소한 것들의 사소하지 않은 사연〉도 소재는 제목이 말하듯 사소한 이야기들이다. 사회적 역사적 의식이 투영된 작품은 드물다. 그 대신 인생 자체의 근원적 존재 양식에 대한

심오한 사색의 결과가 아름다운 언어예술로서 훌륭한 경지를 보이고 있다.

인간의 근원적 존재 양식으로서 물어야 하는 대표적 질문은 시간과 공간이다. 누구나 모두 운명적으로 주어진 어떤 시간과 공간의 생명체이기 때문이다. 우리는 누구나 한국의 어느 곳 누구 집 새끼지만 태어난 순간부터 주어진 일정 시간만큼 살다 간다. 처음부터 죽음을 향한 행진으로서의 비극적 존재다. 그 시간이 길면 세월이라 말한다.

박현경은 단군 시대 이야기를 하는 사람이 아니다. 작가는 80을 넘으며 종점에 이르렀다는 기내 방송을 듣고 있으니까 긴 세월을 말할 수 있는 작가이며 실제로 이번에 내가 본 작품 다수가 그 작품의 시간적 배경이 저변에 깔려 있다.

이 시간은 죽음을 향한 시간이며 이 비극적 존재로서의 자아의 극복이 맨 앞에서 언급한 작품이고 다른 작품들도 이 큰 주제에 포괄된다. 작가가 말하는 〈사소한 것들〉도 그것이다.

그리고 작가는 비극적 존재로서의 인간 운명에 대해서 그 이상은 바라지 않는다. 작가는 그 사소한 이야기들을 행복한 영상으로 그리고 있다. 행복을 다른 데서 찾지 말라고 경고하는 셈이다. 부부가 자식 낳고 살아가는 평범한 이야기들이 최고의 행복임을 강조하고 친구들까지 포함해서 이들과 우정을 나누며 사는 것 이상 바라지 말라고 그 자리에 꽃을 심어주는 것이다. 어차피 탈도 많은 세상인데 적극적인 의지로 리모델링하며 재창조하며 세상의 주인으로 살아가라는 인생관이 박현경 수필이다. 심오한 사색에 의한 훌륭한 주제가 뛰어난 기법으로 예술성을 성취해서 작품마다 감동이 깊다.